展现科技发展辉煌成就　讴歌自主创新中国力量

科技改变中国

丛书总主编
倪光南

智周万物
人工智能改变中国

杨静 编著

人民邮电出版社
北京

图书在版编目（CIP）数据

智周万物 ： 人工智能改变中国 / 杨静编著. -- 北京 ： 人民邮电出版社, 2019.9（2024.3重印）
（科技改变中国）
ISBN 978-7-115-51857-6

Ⅰ. ①智… Ⅱ. ①杨… Ⅲ. ①人工智能－产业发展－研究－中国 Ⅳ. ①F492

中国版本图书馆CIP数据核字(2019)第171672号

内 容 提 要

人工智能是当前全球性的重要技术热点。国内外“产学研”各界对人工智能都十分重视，且投入巨大。我国也制定了《新一代人工智能发展规划》，力争到 2030 年成为世界主要人工智能创新中心。

本书立足中国人工智能全景，先从人工智能的发展脉络讲起，介绍人工智能在国内外的发展历程、学科和产业概况；再介绍人工智能给生产生活带来的便利和改变，然后纵览智能云、超级计算等中国人工智能基础平台的发展布局和方向，分析人工智能对各行各业的赋能和影响，接着讲述一些学术界和产业界一线人员的奋斗故事；最后通过对学术界、产业界部分专家的访谈，探讨中国人工智能在技术、产业等方面的发展前景。

◆ 编　　著　杨　静
　责任编辑　王丽丽　贺瑞君
　责任印制　焦志炜
◆ 人民邮电出版社出版发行　　北京市丰台区成寿寺路 11 号
　邮编　100164　　电子邮件　315@ptpress.com.cn
　网址　http://www.ptpress.com.cn
　固安县铭成印刷有限公司印刷
◆ 开本：720×960　1/16
　印张：15　　　　　　　　2019 年 9 月第 1 版
　字数：220 千字　　　　　2024 年 3 月河北第 2 次印刷

定价：69.00 元

读者服务热线：(010)81055552　印装质量热线：(010)81055316
反盗版热线：(010)81055315
广告经营许可证：京东市监广登字20170147号

科技改变中国

“科技改变中国”丛书

编委会

“科技改变中国”丛书

推荐序

2019 年是中华人民共和国成立 70 周年，回顾这 70 年来的发展历程，科技创新在其中发挥了巨大的作用，可以说科技创新是中国崛起的重要表现，也是中国崛起的重要支撑力量。近些年来，我国在人工智能领域表现抢眼，已经成为人工智能应用大国。但我们要清醒地认识到，我国还不是人工智能技术强国。到目前为止，以美国为代表的发达国家仍然掌控着人工智能的核心技术。为此，我们要加大创新力度，使我国尽快地从人工智能应用大国发展到人工智能技术强国。无论从哪个角度看，人工智能领域的自主创新都是科技兴国的重中之重。

人工智能在中国尽管得到了政府、学术界和产业界的重视，有许多有识之士投身其中，但这样一个战略意义重大的领域，还需要更多的人去了解、关注和贡献力量。

《智周万物：人工智能改变中国》这本书遵循“高科技、深科普”原则，以“小切口大主题、小故事大图景、小人物大时代”为特色，深入浅出地阐述了人工智能从诞生到发展成为大国重器的历史脉络，对人工智能核心技术和主要应用进行深度科普，也对人工智能时代中国的战略投入和勇于探索与实践的一线人物进行介绍。

工业互联网、AIoT（人工智能物联网）和 5G 通信技术将推动万物互联的智能时代来临。未来十年我国的芯片、云计算和人工智能等领域将迎来巨大的市场机遇，带来巨大的技术突破势能。中国人工智能创新生态——智慧城市、智慧交通、AIoT 将蓬勃发展。这本书中呈现的中国“智能 +”行业应用场景，将在各行各业中进一步大放异彩。

2049 年，是中华人民共和国成立 100 周年。届时中华民族伟大复兴的实现离不开科学技术，而人工智能是其中的核心。本书在最后一章里提出了人工智能发展的关键问题，邀请了来自学术界和产业界的专家们进行思辨与讨论，发人深省而又不乏趣味。我期望本书的读者跟随这些专家与作者一起，不断探索人工智能改变中国的新课题与新机遇，敢于挑战要不来、买不来、讨不来的关键核心技术，一起建设中国人工智能自主创新的道路，迎接智能中国的美好未来。

倪光南

中国工程院院士

2019 年 8 月

前言

每个人在生命中的不同阶段，可能都思考过“我从哪里来，要到哪里去”这个问题。过去十年中，在技术革命与产业发展的双重推动下，人工智能（Artificial Intelligence，AI）对世界产生了前所未有的巨大影响。人工智能的演化正以摩尔定律甚至是超摩尔定律的速度迭代，与之对照，智慧生命从出现到数千年人类社会的变迁，就像是一帧帧慢镜头。

而人类文明当前也终于从农业化、工业化、全球互联网化，走到了万物互联的智能普适化关口。人工智能可能带来人类思维的全新突破，人机融合可能带来全新的社会经济运行范式。人类正勇敢驶向前所未知的人工智能大航海时代，这也将是人类有史以来最波澜壮阔、变幻莫测的新航程。

本书第一章从人工智能的起源讲起，追溯至 1948 年图灵未发表的论文《智能机器》乃至更早。1956 年达特茅斯会议正式宣告人工智能启航。但直至辛顿等深度学习三巨头获得 2018 年图灵奖，才象征着人工智能第三次浪潮抵达世界公认的新高度。这期间，IBM 的“深蓝”、DeepMind 的 AlphaGo 都给人类智能的传统边界带来了令世界震撼的强大挑战，也正式吹响了人工智能大航海时代的号角，中国也必须全力启程，才能在“智能 +”时代拥有更强大的竞争力和更广阔光明的前景。

与此同时，全球互联网巨头纷纷转型人工智能，人工智能和实体经济深度融合，行业应用迎来全面爆发，万物互联的智能世界迎来了新一轮历史机遇。

在中国，人工智能先驱们不畏艰难，筚路蓝缕，打下发展的基础。在新世纪人工智能崛起的大潮中，中国在学术和产业领域全面追赶，人工智能成为影响经济、社会、科技和民生等诸多方面发展的国之重器，也成为国家发展的全局性战略要素。

当前人工智能已广泛应用，机器智能渗透到生产生活的方方面面。在第二章里，我们以微观视角切入日常生活，将中国人身边的智能技术进行还原和解码，从“看”“听”乃至“说”的能力来阐释人工智能的作用。同时我们以“教育”这个中华民族关注的重要课题之一为例，展示了人工智能的“魔力”和重要性。

本书第三章从芯片发展的摩尔定律和 AI 计算的超摩尔定律讲起，全面展现中国的人工智能基础，包括智能云、高性能计算、边缘计算和量子计算机等方面的最前沿布局。我们坚信“智能 +”将成为未来十年世界科技产业进步的主力发动机之一。

本书第四章描绘了“智能 +”助力传统行业的场景，包括零售、交通、医疗、金融等行业，中国大地成为人工智能落地的广阔舞台和科技赋能美好生活的新天地。

第五章中，我们重点展现笔者所创立的人工智能社交资讯和开放创新平台新智元镜头下的中国 AI 人物，包括周志华、施路平、汪玉、胡郁、陈云霁和陈天石兄弟、余凯、吴甘沙以及宋继强，介绍他们如何在时代的巨浪中勇往直前，成为人工智能大航海时代的“哥伦布”和中国式创新创业者。

在人类探索万物互联新世界的过程中，中国究竟将扮演怎样的角色？本书最后一章采访了中国科学院院士梅宏和段树民、中国科协原副主席张勤、中国科学院计算技术研究所（以下简称中科院计算所）研究员史忠植、清华大学教授孙茂松、清华大学副教授刘知远、科大讯飞副总裁李世鹏、京东集团副总裁周伯文、华为消费者 BG 软件部总裁王成录、华为消费者 BG 首席战略官邵洋、驭势科技 CEO 吴甘沙和中央电视台《机智过人》节目制片人张越女士等专家和各界知名人士。他们将带领读者一起展望到 2049 年时中国人工智能能否展翅腾飞、助力中华民族伟大复兴，中国引领全球 AI 发展前景是否乐观。

从专家的建议中我们可以看到，中国人工智能学术研究和产业应用虽然发展迅猛，但基础研究、算法创新和开源生态三大领域都存在系统性短板，中国亟须在人工智能大航海的进程中创建自己的“航空母舰”并形成持久竞争力。展望未来，人工智能或许会突破藩篱，掀开智能文明新的历史篇章。中国也需要适时打造探索智能新边界的“星河舰队”，向着人类的梦想、大脑的奥秘和智能的极限发起终极挑战。

本书从 70 年前人工智能的开端讲起，收尾于百年设问。到 2049 年，人工智能将跨过一个世纪；而 2049 年也是中华人民共和国成立 100 周年。2019 年，我们和读者一起站在人工智能大航海时代和全球形势大变局的转折点。在此风云变幻、形势激荡之际，新智元立足时序更替的交汇点，汇聚产业界、学术界等多方力量，共同寻找开启未来智能新世界的密钥，为中国 AI 产业发展添薪续力，鼎力共建“智能 +”！

我决定进行《智周万物：人工智能改变中国》一书的编写，源于人民邮电出版社贺瑞君老师的信任、激励和家人亲友的支持。本书的编撰和采访虽然只有几个月，但新智元创立四年来的辛勤探索、采访和积累为完成本书提供了重要保障。本书共分为六章，主要由新智元团队成员统筹执笔，第一章由杨静执笔，第二章由陈木青执笔，第三章由刘小芹执笔，第四章由刘小芹、陈木青执笔，第五章由陈木青、张佳执笔，第六章由杨静、张佳、刘小芹执笔，全书由杨静统稿，杜晓红担任视觉指导。在此特别感谢新智元全体同人及各界好友对本书创作的大力支持，还要特别感谢人民邮电出版社学术出版中心王威总经理对全书进程的支持，贺瑞君编辑、袁慧茹编辑和林舒媛编辑对书稿提出了深入的意见并协助修改，林舒媛编辑还辅助笔者做了部分配图工作。北京大学市场与网络经济研究中心陈永伟研究员为本书做了大量的前期工作，史雪松、刘佩佩、吴乾坤、崔浩川和陈开壮等人在专家采访、前期调研等方面做了工作并给出不少建议。在此一并致谢！

本书第一章关于中国人工智能发展历程的叙述，部分材料来自中南大学蔡自兴教授 2016 年在《科技导报》发表的文章《中国人工智能 40 年》，感谢蔡教授许可使用并提出建设性意见。

在本书的创作过程中，《机智过人》节目组也为我们提供了大量翔实的素材，以独特视角对我国人工智能的发展进程做出了解读。我与《机智过人》节目组结缘要从 2016 年说起，当时国内人工智能的发力势头已现，但全国乃至全球都没有一档专门以人工智能为主题的电视节目，新智元和适时推出的《机智过人》节目自然很快有了交集。新智元是投身我国“智能 +”建设的开放创新平台，《机智过人》节目是国内第一档也是唯一的以人工智能为主题的电视节目，双方不管是价值理念还是目标愿景都高度契合。笔者在此感谢《机智过人》节目制片人张越老师、执行制片人吴墨冉老师和节目组各位同人对新智元和本书的支持，我们将一同为推动中国迈进“智能 +”的新纪元共尽涓滴之力。

杨　静

2019 年 8 月 15 日

目录

第一章

中国，探索人工智能的大航海时代

地球上智能生命的演进与文明的发展，往往有几个关键突变点。从生物智能到人工智能的演化，可能是人类历史上决定命运的关键时期。人工智能不仅在全球引发了学术上的突破，更带动了产业的跃迁。在摩尔定律所反映的计算能力指数级提升的赋能下，人工智能也给人类社会发展带来了前所未有的强大动力。

人工智能技术已经走过 60 余载波澜壮阔的发展历程，随着近年来数据爆发式的增长、计算能力的大幅提升，以及深度学习算法的发展和成熟，我们已经迎来了人工智能概念出现以来的第三个浪潮期。基于大数据和强大计算能力的机器学习算法已经在计算机视觉、语音识别和自然语言处理等许多领域中取得了突破性的进展，基于人工智能技术的应用也开始成熟。

与此同时，中国经济也走到了历史发展的重要关口——依靠人口红利发展的模式已经不能够支撑高速发展，我国需要新的增长引擎。基于人工智能的自动化可以提高生产力，可以帮助我国实现经济发展目标。同时，我国也拥有海量数据和广阔的市场作为发展人工智能的支撑。

从学术论文发表的数量来看，中国人工智能方面的学术实力仅次于美国，位列世界第二，可以为人工智能后续的发展提供坚实的学术基础；从产业方面来看，无论是从国家战略层面，还是科技企业发展层面，人工智能都已经成为我国经济的一个关键词。在政府的大力支持下，高等院校和科研院所大力投入相关研究，华为、阿里巴巴、腾讯等多家科技巨头，还有众多中小企业和初创企业积极研发并布局市场，我国已经成为全球人工智能的重要基地。

然而，要了解人工智能要去往何方、人工智能将给中国带来什么样的改变，首先要知道人工智能从何处来、它经历了怎样的发展历程。

1.1 人工智能的起源

人工智能是研究、开发能够模拟、延伸和扩展人类智能的理论、方法、技术及应用系统的一门新的技术科学，其研究、开发的目的是促使智能机器会听（语音识别、机器翻译等）、会看（图像识别、文字识别等）、会说（语音合成、人机对话等）、会思考（人机对弈、定理证明等）、会学习（机器学习、知识表示等）、会行动（机器人、自动驾驶汽车等）。人工智能的概念现在已广为人知，但它从想象、思辨到提出概念、开展研究，再到形成技术、走进人们的生产和生活，经历了漫长的历程。

2017 年年初，《福布斯》杂志发表了人工智能编年体简史，时间跨度超过 700 年，涵盖心理学、数学、哲学、艺术、计算机科学等学科领域，以及与人工智能的发展息息相关的历史大事件。

这篇文章将人工智能的历史追溯到 1308 年，西班牙加泰罗尼亚诗人、神学家拉蒙·鲁尔（Ramon Llull）出版《伟大的艺术》（*Ars Generalis Ultima*），阐述了他提出的使用“逻辑机”从概念的组合中创造新知识的方法。

1763 年，托马斯·贝叶斯（Thomas Bayes）提出了一个用于推理事件概率的框架。1854 年，乔治·布尔（George Boole）提出逻辑推理可以使用与解方程组相同的方式来系统地进行。之后人们采用无线电、机械和自动控制等手段进行了一些有关智能机器的尝试，也有人在剧作、电影中对机器人等智能形态进行畅想。

但人们对人工智能的追求直到现代才迈出坚实的步伐。第二次世界大战期间，许多学科领域出现了优秀的科学家，包括新兴的神经科学和计算机领域。在英国，神经学家威廉·格雷·沃尔特（William Grey Walter）和数学家阿兰·图灵（Alan M. Turing）是首先向智能机器发起挑战的两位科学先驱，图 1.1 为图灵的素描画像。1948 年，沃尔特制造了有史以来第一个机器人。图灵在 1950 年发表论文《计算机器和智能》（*Computing Machinery and Intelligence*），提出了图灵测试，为智能机器设置了标准：一种可以让某人以为自己在和另一个人说话的机器。

图 1.1　图灵画像（Natata / Shutterstock.com）

早在 1948 年，图灵就写过一篇题为《智能机器》（*Intelligent Machinery*）的论文，描绘了人工智能中联结主义的大部分内容。这篇论文是图灵在英国国家物理实验室工作时写的，但当时的实验室主任查尔斯·达尔文爵士（Sir Charles Darwin）称这是一篇“学生论文”，并写信给图灵，抱怨论文“满是脏痕”的外观。可贵的是，图灵是在没有电子计算机的时代，用纸和铅笔模拟大脑，做出了这项开创性的研究。

事实上，这篇具有远见卓识的论文是关于人工智能的第一个宣言，但遗憾的是，图灵从未发表它。在这篇论文中，图灵不仅阐述了联结主义的基本原理，而且出色地引入了许多后来成为人工智能核心的概念，包括具有学习能力的遗传算法和神经网络（他称之为“无组织机器”），甚至强化学习的思想。当然，这些概念是在其他人重新发明之后才成为核心的。

而“人工智能”这一概念是在 1956 年才被正式提出的。

1956 年夏天，一些年轻科学家在美国达特茅斯学院（见图 1.2）开会研讨“如何用机器模拟人的智能”时，首次提出“人工智能”的概念，这标志着人工智能学科的诞生。

图 1.2　达特茅斯学院（Dan Lewis / Shutterstock.com）

让我们回顾一下那个意义非凡的夏天。

那年，28 岁的约翰 · 麦卡锡（John McCarthy，1971 年图灵奖[①]获

① 图灵奖（A.M Turing Award），由美国计算机协会（Association for Computing Machinery，ACM）于 1966 年设立，专门奖励那些对计算机事业做出重要贡献的个人。它是全世界计算机界最负盛名、最崇高的一个奖项，有“计算机界的诺贝尔奖”之称

得者）、37 岁的纳撒尼尔 · 罗切斯特（Nathaniel Rochester，约翰 · 麦卡锡的老板——IBM 第 1 代通用机 701 的主设计师）、28 岁的马文 · 明斯基（Marvin Minsky，麻省理工学院人工智能实验室[②]的创始人之一）和 40 岁的克劳德 · 香农（Claude Shannon，信息论创始人）4 人提议在麦卡锡工作的达特茅斯学院召开一场头脑风暴式的研讨会。这场研讨会被称为“达特茅斯夏季人工智能研究会议”。参加会议的除了以上这 4 位，还有 6 位年轻的科学家。

这次研讨会讨论了当时计算机科学领域尚未解决的一些问题，包括人工智能、自然语言处理和神经网络等。

尽管除了“逻辑理论家”和 α－β 搜索法等成果，这些绝顶聪明的科学家在经历了长达一个月的头脑风暴后并没有产生其他历史性的突破，但他们提出了“人工智能”这一概念，推动其成为计算机科学中的一门学科，并在以后大放异彩。

值得一提的是，这次研讨会的出席者几乎囊括了当时全球人工智能领域的主要人物。在随后的 20 年里，人工智能这个舞台基本被这些人物和他们在麻省理工、卡内基–梅隆、斯坦福等大学和 IBM 等企业中的同事们所占据。

1.2 寒冬与热潮交替，人工智能发展的起伏

自 1956 年达特茅斯会议到 2019 年，人工智能已走过 63 年的发展历

② 麻省理工学院（MIT）计算机科学和人工智能实验室的前身

程，但其发展并非一帆风顺，而是几经起落。在这起起伏伏的巨浪中航行与求索，只有 AI 相关从业者才能真切了解其中况味——浪潮期的荣耀与机会和寒冬期的低落与困境。

1.2.1 回望图灵奖背后的坎坷

2019 年 3 月 27 日，ACM 公布了 2018 年图灵奖获得者，即深度学习三巨头——约书亚·本吉奥（Yoshua Bengio）、杰弗里·辛顿（Geoffrey Hinton）和杨立昆（Yann LeCun）③。这三位获奖者在业内被称为“当代人工智能教父”，他们开创了深度神经网络（Deep Neural Network，示意图见图 1.3）这个技术领域。这项关键的计算机工程技术，为深度学习算法的发展和应用奠定了基础。三位获奖者的介绍如下。

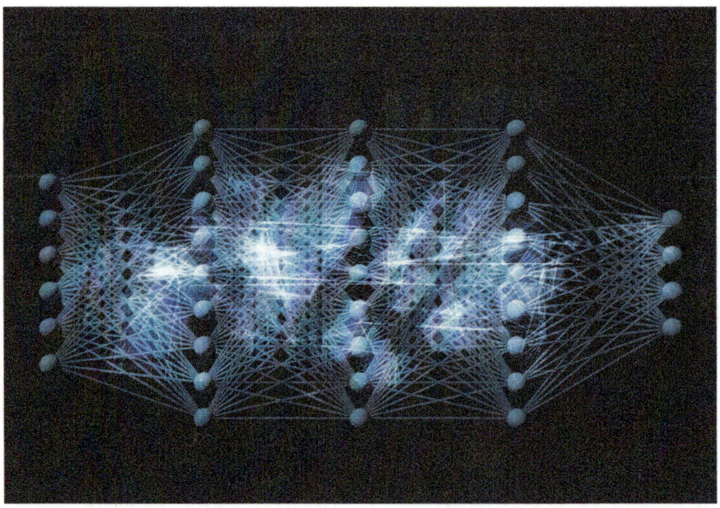

图 1.3　深度神经网络示意图（Evannovostro / Shutterstock.com）

③　编者注：杨立昆是 Yann LeCun 本人首肯的中文名，他并不是华人

- 约书亚·本吉奥，55 岁，加拿大蒙特利尔大学教授，魁北克人工智能研究所的科学主管（Scientific Director）；
- 杰弗里·辛顿，72 岁，谷歌公司副总裁和工程会士（Engineering Fellow），加拿大 Vector 人工智能研究院首席科学顾问，多伦多大学名誉教授；
- 杨立昆，59 岁，纽约大学教授，脸书（Facebook）公司副总裁兼首席 AI 科学家。

深度学习三巨头获得计算机界最高殊荣的背后，是一段经历了寒冬的艰辛之路，也是相关学者在人工智能学术道路上数十年来执着前行、永不言弃的时代缩影。

20 世纪 80 年代，杰弗里·辛顿等人曾坐了若干年的冷板凳，直到 21 世纪 AI 的再度爆发才得以扬眉吐气。在这次浪潮中，杰弗里·辛顿提出新的神经网络模型“胶囊网络”（Capsule Network），试图找到解决深度学习缺陷的新方法。这位七旬老人熬过了 AI 最寒冷的冬天，并且认定下一个冬天不会到来。

辛顿早年的科研之路可谓坎坷至极。1973 年，辛顿进入爱丁堡大学研究生院，师从克里斯托弗·龙格－希金斯（Christopher Longuet-Higgins）学习人工智能。当时正值人工智能的寒冬期，神经网络也受到了学术界的轻视。

克里斯托弗是著名的理论化学家和认知科学家，曾培养出诺贝尔奖获得者。在辛顿师从克里斯托弗学习人工智能期间，其与导师的理念不尽相同：克里斯托弗坚持传统的逻辑人工智能理念，而辛顿则坚信基于神经元理论的神经网络一定是未来的发展方向。

“我的研究生生涯充满了坎坷，每周我们都会有一场争吵。”辛顿后来回忆，他一直在和导师做“交易”：“让我再做 6 个月的神经网络，我会向你证明它们是有效的。”但在 6 个月结束的时候，辛顿又说：“再给我 6 个月”，之后又说“再给我 5 年时间”。终于在 20 世纪 80 年代，辛顿成功了。

1986 年，辛顿等人完成著名的论文《反向传播学习实验》（*Experiments on Learning by Back Propagation*），提出了影响后世人工智能发展的新神经网络方法。

不过，当时既没有足够的数据，也没有足够的计算能力，导致神经网络无法进行大规模训练，学术界和产业界对辛顿的神经网络依旧不感兴趣。辛顿参加学术会议时，经常坐在房间的角落里，得不到当时学术界大咖的垂青。

2012 年，辛顿和他的两名学生发表论文，提出了深度卷积神经网络模型 AlexNet，并在当年的 ImageNet 大规模图像识别竞赛中获得冠军。后来辛顿加入“谷歌大脑”，AlexNet 也成为图像识别中最经典的模型之一，在产业界得到普遍应用。

更值得纪念的是，2015 年，杰弗里·辛顿、杨立昆、约书亚·本吉奥这三位深度学习巨头在《自然》（*Nature*）杂志上共同发表了一篇名为《深度学习》（*Deep Learning*）的综述文章，讲述了深度学习为传统机器学习带来的变革，树立了人工智能在学术界的崭新丰碑。

辛顿等人所经历的坎坷，只是人工智能两落三起的一个缩影，让我们来回顾一下这段历史。

1.2.2 人工智能的第一次发展浪潮

1956 年达特茅斯会议之后，人工智能迎来了第一次发展浪潮。在这之后的十余年间，计算机被广泛应用于数学和自然语言领域。研究者们在定理证明、人机对话方面做了一些工作，并进行了一些机器翻译的尝试。其中，1960 年华裔美国数理逻辑学家王浩提出的命题逻辑的机器定理证明新算法，证明了集合论中的 300 多条定理。1957 年，康奈尔大学的实验心理学家弗兰克·罗森布拉特（Frank Rosenblatt）发明并模拟实现了一种他称为“感知机”的神经网络模型，该模型可以完成一些简单的视觉处理任务，这在当时引起了轰动。

这些工作成果让很多研究学者看到了机器向人工智能发展的信心。当时甚至有很多学者认为：“20 年内，机器将能完成人类能做到的一切。”但这一波浪潮本身都没有持续 20 年。

1.2.3 人工智能的第一次低谷

20 世纪 70 年代，第一波人工智能热潮逐渐退去，发展遭遇瓶颈。受技术发展的制约，当时的人工智能主要面临计算机性能不足、无法应对高复杂性问题以及数据量严重不足这三大瓶颈，因此无法解决任何实际的人工智能问题。此前，研究者们对人工智能的期待是具有人类儿童水平的认知，但在当时来讲，这一要求实在太高了。

由于缺乏技术突破，此前对人工智能研究项目提供资助的机构也逐渐停止相关资助。美国国家研究委员会（National Research Council，NRC）当时也对方向不明朗的 AI 研究感到失望，在拨款 2000 万美元后停止了资助。这种情况不只发生在美国，1973 年，针对没有太多亮眼成绩的英国人工智能研究状况，著名数学家詹姆斯·莱特希尔（James Lighthill）也批评 AI 并未实现“宏伟目标”。现在我们通常认为 1976 年到 1982 年是人工智能的第一次低谷期。[④]

1.2.4 人工智能迎来第二次发展浪潮

1980 年，卡内基-梅隆大学为数字设备公司（Digital Equipment Corporation，DEC）设计了一套名为 XCON 的“专家系统”，它标志着人工智能迎来了第二次发展浪潮。XCON 是一种采用人工智能程序的系统，可以简单理解为“知识库 + 推理机”的组合，是一套整合了当时 DEC 计算机配置方面专业知识的计算机智能系统。XCON 可以按照订单需求自动选取 DEC 公司 VAX 系列计算机的零部件。这套系统在 1986 年之前每年能为 DEC 公司节省至少几百万美元的经费。

得益于该商业模式的成功，Symbolics、Lisp Machines、IntelliCorp、Aion 等公司涌现了出来。在第二次人工智能浪潮期间，仅专家系统产业的价值就高达 5 亿美元。商业模式之外，国际竞争更是加速了专家系统的发展。1981 年，日本在经过为期两年的广泛调查之后，决定投资 1000 亿日元，实施为期十年的“第五代计算机技术开发计划”，设想中的第五代计算机（五代机）将能够进行智能信息处理。日本的勃勃雄心给美国的计算机技术霸主地位带来了压力。美国国防部高级研究计划局（Defense Advanced Research Projects Agency, DARPA）也于 1982 年提出用 10 亿美元预算研究五代机。英国不甘落后，政府联合企业筹资逾 5 亿美元，于 1983 年开始实施第五代计算机的研究计划。苏联也成立了“计算机工程国际委员会”开发五代机。专家系统一时风光无限。

④ 参见《人工智能标准化白皮书（2018 版）》

1.2.5 人工智能的第二次低谷

不幸的是，这段繁荣并未持续太久，仅仅维持了 7 年，人工智能就陷入了第二次低谷，而这次低谷可以被称作“AI 之冬”，也正是这次“冬天”让“深度学习技术之父”——辛顿等知名学者坐了数年冷板凳。

“AI 之冬”一词是经历过 1974 年经费削减的研究者们提出的。当时他们注意到了人们对专家系统的狂热追捧，预言不久后人们将转向失望。事实被他们不幸言中，专家系统的实用性仅仅局限于某些特定情景。

到了 20 世纪 80 年代后期，DARPA 的下属机构战略计算促进会（Strategic Computing Initiative）大幅削减对 AI 的资助。DARPA 的新任领导认为 AI 并非“下一个浪潮”，拨款转为倾向于那些看起来更容易出成果的项目。另外，在技术方面，到 1987 年，苹果公司和 IBM 公司生产的个人计算机性能都超过了 Symbolics 等厂商生产的通用计算机。从此，专家系统风光不再。

1.2.6 人工智能重装上阵

20 世纪 90 年代中期开始，随着 AI 技术，尤其是神经网络技术的逐步发展，以及人们对 AI 开始抱有客观理性的认知，人工智能技术进入了一个复苏期。1997 年 5 月 11 日，IBM 公司的计算机系统“深蓝”战胜了国际象棋世界冠军卡斯帕罗夫，又一次在公众领域引发了现象级的 AI 话题讨论。这是人工智能发展的一个重要里程碑。

2006 年，辛顿在神经网络的深度学习领域取得突破，这是标志性的技术进步，人类又一次看到了机器在某些方面赶超人类的希望。

深度学习算法的迭代更新，加上近些年来全球数据爆发式的增长，以及计算能力的大幅提升，人工智能在全球范围内迎来了波澜壮阔的第三次浪潮。这一次的人工智能浪潮与前两次有着明显的不同。基于大数据和强大计算能力的机器学习算法已经在计算机视觉、语音识别、自然语言处理等一系列领域中取得了前所未有的重大突破，基于人工智能技术的应用也开始走进千家万户。

人工智能技术开始大幅跨越科学与应用之间的“技术鸿沟”，图像分类、语音识别、知识问答、人机对弈、自动驾驶等人工智能技术实现了从“不能用、不好用”到“可以用”的技术突破，迎来了爆发式增长的新高潮。

昔日的冷板凳，终于被辛顿这样的人工智能拓荒者和耕耘者数十年如一日的执着追求“焐”热，而这种热度一旦超越某个界限就不会再轻易冷却。

1.3 中国人工智能的艰难起航

文艺复兴和启蒙运动以来，自然科学领域经历了跨世纪的系统发展。率先完成工业革命和电气化革命的西方世界发展出人工智能，是历史的必然。而1949年在积贫积弱的基础上建立起来的新中国，要迅速跟上西方的脚步是不可能的。但就是在这样的历史条件下，一批批科技、教育等领域的探索者们凭借对科学如饥似渴的好奇、虚怀若谷的学习精神，以及坚持不懈的努力，为中国人工智能的发展打下了基础。

1.3.1 艰难起步

从“图灵测试”提出到第一次人工智能浪潮退去，西方在人工智能领域的探索已经完成一个阶段，可以登堂入室。而我国一方面受新中国成立初期在经济、工业和教育等方方面面力量有限的制约，另一方面受苏联批判人工智能和控制论（Cybernetics）的影响，整个 20 世纪 50 年代几乎没有开展人工智能研究。一直到 20 世纪 70 年代，我国人工智能研究仍处在几乎停滞的状态。

1978 年 3 月，全国科学大会在北京召开，邓小平同志发表重要讲话，指出“科学技术是生产力”。此次大会提出了“向科学技术现代化进军”的战略决策，打开了解放思想的先河，迎来了中国科技事业的春天，人工智能领域也得以迈开前进的步伐。就是在这次大会上，吴文俊（见图 1.4）1977 年提出的几何定理机器证明“吴方法”，获得了 1978 年全国科学大会奖，这是中国人工智能发展史上里程碑式的成就。

图 1.4 吴文俊工作照（图片来源：中国科学院数学机械化重点实验室）

由此，中国的人工智能研究艰难起步了，一些基础性的工作得以开展。除了吴文俊的成果，在 1978 年召开的中国自动化学会年会上，还报告了光学文字识别系统、手写体数字识别、生物控制论和模糊集合等研究成果。中科院院士、现任清华大学人工智能研究院院长的张钹，在 1978 年参与创建了清华大学的“人工智能与智能控制”研究方向。

改革开放后，自 1980 年起中国派遣大批留学生赴国外研究现代科技，学习科技新成果，其中就包括人工智能和模式识别等学科领域。这些人工智能领域的“海归”专家，后来成为中国人工智能研究与开发应用的学术带头人和中坚力量，为发展中国人工智能做出了举足轻重的贡献。也正是从 1980 年起，在时任吉林大学计算机系主任的学部委员（院士）王湘浩的倡导与组织下，全国高校人工智能研讨会研究班成为国内最早举办的人工智能学术研讨活动，自 1980 年起每年举行一次。

1981 年 9 月，中国人工智能学会（Chinese Association for Artificial Intelligence，CAAI）在长沙成立，时任中国科学院应用数学研究所副所长、负责完成中国第一颗原子弹和第一颗氢弹威力计算工作的秦元勋当选 CAAI 第一任理事长。1982 年，中国人工智能学会会刊《人工智能学报》在长沙创刊，成为国内首份人工智能学术刊物。

这一时期内，中国的人工智能研究尚处于起步阶段。

1.3.2 稳步发展

1984 年 2 月，邓小平同志在上海观看儿童与计算机下棋时，指示“计算机普及要从娃娃抓起”。此后，中国的人工智能也随着自动化、计算机等学科的发展渐渐走上比较平稳的发展道路。

1984 年，国防科工委召开了全国智能计算机及其系统学术讨论会。1986 年起，智能计算机系统、智能机器人和智能信息处理等重大项目被列入了国家高技术研究发展计划（“863”计划）。而中国计算机学会的人工智能与模式识别专业委员会也于 1986 年在山西大学成立，其前身是王湘浩先生创建的人工智能学组。同年，清华大学校务委员会经过三次讨论后，决定同意在清华大学出版社出版中南工业大学（现中南大学）蔡自兴的著作《人工智能及其应用》，这是国内首部具有自主知识产权的人工智能专著。

1989 年，《模式识别与人工智能》杂志创刊。1989 年，第一届中国人工智能联合会议召开。自 1993 年起，智能控制和智能自动化等项目被列入国家科技攀登计划。

科学研究方面，首个“吴文俊人工智能最高成就奖”获得者、中科院院士陆汝钤于 1985 年在国际上率先研究异构型分布式人工智能，把机器辩论引入人工智能。1983 年，张钹在国际人工智能联合会议（International Joint Conference on Artificial Intelligence, IJCAI）上发表了该会议第一篇来自中国学者的文章。进入 20 世纪 90 年代后，张钹和张铃的专著《问题求解理论及应用》先后在国内外出版，引起了国际学术界的重视。

在此期间深入耕耘人工智能的学者中，陆汝钤在科技项目上比较高产。在中科院数学研究所（现中国科学院数学与系统科学研究院的前身之一）供职期间，他在知识工程领域做了比较深入的研究，设计并主持研制了知识工程语言 TUILI，并将其很好地应用到当时的反常气象预报中。此外，陆汝钤还主持了国家“七五”攻关课题项目“天马”系统。该系统是集成多种技术和工具的大型专家系统开发环境，也是当时国内最大的专家系统开发工具包。1990 年后，陆汝钤除了在知识的自动获取和知识系统的自动开发方面做了大量工作，还研究并主持实现了一套全过程计算机辅助动画生成技术，开发出动画自动生成软件《天鹅》，在艺术创造领域引入了人工智能。而蔡自兴等人提出并发展了基于专家系统的机器人规划机理与方法，实现了专家系统与机器人技术的结合。

在国民经济各领域的专家系统应用中，农业走在了前列。中科院合肥智能机械研究所 1981 年派到美国马里兰大学访问学习的熊范纶在回国后，选择了农业作为专家系统应用的突破口。熊范纶在极其艰苦的条件下，几乎从零起步，克服种种困难，主持研发出了“砂姜黑土小麦施肥计算机专家咨询系统”。该系统在 1985 年通过验收并在 1990 年被国家表彰为国家“七五”科技攻关重大成果。熊范纶也是第一个被国际自动控制联合会（International Federation of Automatic Control, IFAC）评为会士（Fellow）的中国学者。

从 1984 年前后到 20 世纪 90 年代后期，中国人工智能的学科已经基本形成，科学研究取得了一定的成绩，专家系统等人工智能技术走进了工农业生产，带来了可观的经济效益。

或许是因为没有经历前述发达国家疯狂投入五代机研制失败而导致的失望，我国人工智能界并没有对专家系统骤踩刹车，而是让其随着经济社会的发展和相关学科的进步，在人工智能领域继续前行，积蓄力量。

1.4 人工智能大航海时代的中国力量

1998 年，香港挺过了亚洲金融危机，我国的 GDP 跨过了 1 万亿美元的门槛，位居世界第七。这一年，联想公司的第 100 万台计算机下线。1997 年用“深蓝”计算机打败了国际象棋世界冠军的 IBM 公司，1998 年其旗下的个人计算机在中国的出货量已经被联想超越。在全球 IT 巨头眼中，中国成为必争之地，IBM、英特尔、戴尔和甲骨文等当时举足轻重的 IT 企业，其高管纷纷来访。

1998 年，中国报考大学的人数达到 320 万人，比 1997 年增长近 11.89%；研究生报考人数达到了 27.4 万人，比 1997 年增长了 13.1%。除了市场机会，中国的人才优势也逐渐为世界所瞩目。同年 9 月 15 日超越通用电气成为全球市值最高公司的微软，在北京成立了微软中国研究院（2001 年升格为微软亚洲研究院，简称亚研院）。在此后中国人工智能的发展中，有很多重要的事件、组织和人物都与微软亚洲研究院密切相关。同年英特尔公司也在北京成立了研究中心。可以说，到 1998 年，中国在经济、市场、人才、对外交流等方面基本都为人工智能的发展做好了继续前行的准备。

人工智能技术的突破，让人类社会再次跨入一个学术、产业协同的科技大航海时代。这次，中国也已整装待发，要向着“智能 +”的新大陆起航。

进入 21 世纪，尤其是在人工智能进入第三次浪潮后，中国经济社会也走到了历史发展的重要关口——随着人口结构的变化，中国需要未雨绸缪、寻找人口红利之外的强劲增长引擎。这时借助人工智能提升生产力早已看得见摸得着，赋能各个产业，从而帮助中国实现经济继续腾飞的目标这一希望，被寄托在了人工智能上。

不管是由于科研、市场和人才推进，国家发展需要还是产业需求驱动，中国已逐渐成为全球人工智能的发展中心之一。那么人工智能在中国的软硬件建设如何，中国距离成为真正的人工智能强国到底还有多远呢?

1.4.1 中国的人工智能学术研究和人才培养

从人工智能的发展历程可知，学术成果与技术突破是推动人工智能发展的基石。而中国并非一开始就是全球人工智能学术及产业领域的探索者和领导者，尤其在前期的学术研究与技术突破方面并未占据优势，甚至有所缺失。相比发达国家，我国在人工智能研究人员和高校相关人才培养方面的起步也比较晚。

近年来，中国人工智能学术界一直在不断追赶，论文数量飞速增加，质量进步也较快，对全球人工智能领域的贡献逐渐增多。除了数量持续上升，自 2008 年起，中国作者论文的引用指标也呈现持续上升趋势。

2019 年 5 月 24 日，《中国新一代人工智能发展报告 2019》（以下简称“报告 2019”）在浦江创新论坛上发布。“报告 2019”指出，2013—2018 年，全球人工智能领域的论文文献产出共 30.5 万篇，其中，中国发表 7.4 万篇，美国发表 5.2 万篇。

“报告 2019”认为，人工智能正在由学术界驱动转向由学术界和产业界共同驱动，需要产学研协同创新。然而，从数据上看，中国人工智能校企合作论文比例与美国、以色列等国家相比还有较大差距，人工智能学术研究仍以高校和研究院所为主，与企业的结合程度较弱。高校和科研机构的科研成果与企业的实际需求结合也不够紧密，企业在科研项目中的参与程度较低，真正以市场为导向、产学研协同开展的人工智能科研活动仍有待加强。

而根据 2018 年 12 月发布的，由来自哈佛大学、麻省理工学院、斯坦福大学、OpenAI 及 AI 产业联盟的专家学者组成的 AI Index 小组撰写的《AI 指数 2018 年度报告》（*AI Index 2018 Annul Report*），2016 年中国作者 AI 论文的被引用率比 2000 年高出了 44%。当然，美国在这方面表现更加突出，美国作者 AI 论文的被引用率要比世界平均水平高 83%。根据“报告 2019”，在前 1% 高被引论文数量国家分布上，美国以 1345 篇位列第一，中国以 1166 篇位列第二。在前 100 篇高被引论文数量的国家分布上，美国、英国和中国占据前三名。

《AI 指数 2018 年度报告》还指出，从 2007 年到 2017 年，在中国由政府主导的 AI 论文数量增长了 400%，由企业主导的 AI 论文数量增长了 73%，而美国 2017 年由企业主导的 AI 论文数量是中国的 6.6 倍。

简而言之，人工智能学术方面，虽然中国在发表论文的数量上已经占据优势，但论文影响力仍有很大提升空间。在夏威夷召开的人工智能顶级学术会议 AAAI[⑤] 2019 也印证了这一点。

据统计，AAAI 2019 的中国作者论文投稿数量共计 2419 篇，位居第一，在数量上已经接近第二名的两倍。同时，中国作者被接收论文的数量也是第一（共计 382 篇），比排名第二的美国多了 118 篇。相比之下，美国作者论文投稿总数和接收总数均为全球第二，论文录取率则以 20.6% 排名第四，综合实力领先；而中国作者论文投稿数量和接收数量虽然占有很大优势，但论文录取率仅为 15.8%。

另外，在 AI 人才投入方面，中国尚处于积累阶段。根据清华大学 2018 年 7 月发布的《中国人工智能发展报告 2018》，截至 2017 年，中国

⑤ AAAI（The AAAI Conference on Artificial Intelligence）是由 1979 年成立的美国人工智能协会（Association for the Advance of Artificial Intelligence, AAAI）主办的年度会议，该协会是全球人工智能领域的重要学术组织之一

的国际人工智能人才[⑥]投入量达到 18 232 人，占世界总量的 8.9%，仅次于美国的 13.9%。高校和科研机构是人工智能人才的主要载体，清华大学和中国科学院成为全球人工智能人才投入量最大的机构。但是，我国的杰出人工智能人才[⑦]仅有 977 人，不及美国的五分之一，排名世界第六。

中国政府及高校、科研院所已经开始采取措施，为未来中国人工智能的发展进行多层次人才储备。2018 年 1 月，教育部召开发布会，将人工智能、物联网、大数据处理正式划入高中新课标。2018 年 4 月，我国第一本面向高中学生的人工智能教材——《人工智能基础（高中版）》正式出版。

2019 年 3 月，教育部印发通知，公布了 2018 年度普通高等学校本科专业备案和审批结果。人工智能专业被列入新增审批本科专业名单，全国共有 35 所高校获首批建设资格。除了人工智能本科专业外，也有不少高校获批设立“机器人工程”“数据科学与大数据技术”“大数据管理与应用”等相关专业。

人工智能企业也正通过与研究型大学共建联合实验室、研究院、研究中心等方式加速人工智能产学研一体化和高水平人才成长。

这方面一个生动的例子就来自微软亚洲研究院。亚研院心态开放，与中国高校和科研机构广泛建立合作伙伴关系，开展高水平合作研究。截至 2019 年年中，亚研院已经与国内 10 所一流大学建立了联合实验室，其中 8 个已通过教育部审批，并被纳入“教育部重点实验室”管理体系；同

---

⑥ “国际人工智能人才”在报告中定义为：具备从事领域创造性劳动的研究能力与专业技术知识，并在人工智能领域内取得创新成果的活跃研究人员。其中，取得创新成果是指公开发表过专利或英文论文；活跃是指近 10 年有创新成果产出

⑦ 此处“杰出人工智能人才”指研究能力领先的国际人工智能人才。具体定义参见《中国人工智能发展报告 2018》第 27 页

时已经支持 300 余项高等教育教学内容与课程体系改革项目，惠及中国 200 余所高校的数千万师生。2019 年年初，微软因长期对中国教育界的卓越贡献，连续第 13 年荣获教育部最佳合作伙伴奖。

学术方面，截至 2019 年年中，微软亚洲研究院已公开发表论文 5000 余篇，50 多篇荣获高水平会议或期刊“最佳论文奖”。微软的 AI 发力点是联合公司内部产学研力量，从基础设施（云计算）、服务（语音、语言等）、应用（Office）和媒介四大方向发力，亚研院贡献了极大的研究力量，计算机视觉、机器阅读理解、机器翻译等是其主攻方向，下面是近年该院的几项突出成果。

- 2018 年，亚研院参与开发的机器翻译系统，在通用新闻报道测试集 newstest2017 的中 - 英测试集上达到可与人类媲美的水平，成为首个在新闻报道翻译质量上可比肩人类的翻译系统；
- 2018 年，亚研院开发的系统在斯坦福大学发起的文本理解挑战赛 SQuAD 中，取得了单轮问答媲美人类成绩的突破，这是计算机首次全面超越人类在 SQuAD 数据集上的表现；
- 2019 年 4 月，亚研院在 WMT 2019 国际机器翻译大赛中以八项第一成为冠军。

更重要的是，在将技术转化为产品的过程中，微软的智能云 Azure、Office 365、微软小冰、必应搜索、HoloLens 等多款产品都用到了亚研院的研究成果。

从人才培养成果来看，亚研院 7000 多位院友中，超过 55 位获得 IEEE 会士、ACM 会士、千人计划等荣誉；超过 110 位参与创业，其中一部分担任中国大型互联网企业的 CEO、CTO 等重要职务，还有一部分创立了知名独角兽公司；超过 200 位在顶尖高校执教。另外，来自清华大学、北京大学、上海交通大学、中国科学技术大学（以下简称中科大）等 300 多所高校和科研机构的 6000 多名学生曾在亚研院实习，其中很多人凭借实习成果在国际学术期刊和会议上发表了论文。这种与学术界、产业界均紧密联系的方式，非常有利于人才的培养和集聚，也有利于创新环境的构建。很多亚研院培养出来的人才，已经成为当今人工智能学术界以及产业界创新发展的中坚力量，为该院赢得了“IT 界黄埔军校”“人工智能界黄埔军校”的赞誉。

1.4.2 中国的人工智能企业和技术开发及应用

从企业层面来看，中国 AI 企业要想走到世界前列，需要极其强大的技术支撑，同时，当前的市场环境是否能提供其成长需要的“沃土”也很重要。

中国 AI 企业目前已取得了若干技术研发上的突破，涌现出了一批有相当实力的人工智能企业，如芯片领域有华为海思、寒武纪等企业，算法和综合领域有百度、腾讯、阿里巴巴等企业，智能语音领域有百度、科大讯飞等企业，计算机视觉领域有商汤科技、旷视科技等企业。越来越多的高科技企业涉足 AI 领域，到目前为止，中国已初步建立了完整的人工智能产业链。其中，华为的手机芯片在某些方面世界领先，麒麟 980 芯片是全球第一块 7nm 工艺制程 SoC（System on Chip，片上系统），而其巴龙 5G01 芯片则是全球首款 5G 商用芯片。2018 年，科大讯飞在语音合成、语音识别、机器翻译和图像识别等领域赢得了 12 项国际权威赛事的桂冠。

中国人工智能企业在技术上虽然已拥有位居世界前沿的成绩，但相比国际科技巨头，研发投入仍相对较少。

2019 年 1 月，欧盟委员会发布《2018 年欧盟工业研发投资排名》（*The 2018 EU Industrial R&D Investment Scoreboard*），对全球 46 个国家和地区的 2500 家公司在 2017—2018 年度的研发投入情况进行了汇总。

全球研发投资排名第一的是三星，第二是谷歌母公司 Alphabet，第三是大众。唯一进入前十的中国公司是华为，排名第五，超过了苹果和英特尔，并且超过了“BAT”的总和。但榜单前五十仅有华为一家中国公司上榜。

在 2500 家公司总计 7364 亿欧元的研发投入中，来自中国公司的占比仅为 9.7%，排名低于美国（37.2%）、欧盟（27.2%）、日本（13.6%）。可见中国公司的研发投入仍然偏低，增长潜力巨大。

尽管美国是全球人工智能学术与产业的探索者和领导者，但中国在市场环境上却有着得天独厚的优势。人工智能实现应用落地的关键是速度、执行、产品质量、数据和政府支持，在这些方面，中国企业不输美国。

人工智能应用的普及、相关产业的推广规模与速度在较大程度上由企业所在国家的市场潜力决定。中国庞大的消费市场是发展人工智能的核心竞争力之一。在 2016 世界人工智能大会上，笔者所创立的新智元平台正式发布《中国人工智能产业发展报告》，分为产业篇、技术篇和应用热点篇等部分，为当时中国人工智能的发展描绘了清晰的全景图。安信证券在 2017 年 6 月 30 日发布的报告《人工智能：产业已至，趋势向前》中指出，在市场规模上，中国人工智能产业具有四大特点：第一，传统企业的软件应用基础薄弱，若引入人工智能则可实现跨代升级；第二，AI 应用基础薄弱，工业偏向流水线程度较高的劳动密集型行业，这些行业都非常需要人工智能；第三，人口和产业众多，足以消化人工智能各个领域的细分市场；第四，庞大的市场有充足的数据来训练人工智能。

从以上四点来看，中国的人工智能产业在数据资源和应用场景方面都占有很大优势。

在数据资源上，安信证券指出，中国庞大的人口基数和广泛的互联网覆盖提供了任何国家都难以企及的数据量优势。在数据训练方面，中国可以以较低的数据标注成本快速培训大量人才进行数据标注工作。

在应用场景上，中国巨大的消费市场可以促使细分领域获得足够的成长，人工智能可应用于智慧金融、智慧医疗、智慧教育、无人驾驶、机器人、智能家居、智慧农业、休闲娱乐等细分领域。在中国巨大的市场规模下，人工智能细分行业目前仍处于蓝海态势，企业有足够的成长空间。

中国庞大的消费市场为人工智能产业提供了海量的数据和应用场景，市场反哺也有望加快人工智能的升级迭代。

2019 年 5 月，国际数据公司（International Data Corporation，IDC）最新发布的《中国人工智能软件及应用（2018 下半年）跟踪》报告显示，2018 年中国人工智能市场规模达 17.6 亿美元，2023 年将达到 119 亿美元。2018 年中国人工智能解决方案已经占到全球市场的 9%。

但具体到落地层面，中国市场与发达国家市场仍有较大差距：中国市场目前以单点技术的单点任务型应用为主，而发达国家市场更为看重实现某一事件或者某一流程的自动化，如自动驾驶技术。

若想在中长期取得人工智能竞争的真正胜利，中国市场需要从数据资源开始就做好充分准备，从底层基础硬件到上层应用软件，从技术创新到产品生产再到应用部署等各个环节均需苦练内功，上中下游产业也需要紧密合作，以应对多变复杂的市场环境，真正利用人工智能赋能企业、造福社会。在当前人工智能的技术革命和国际竞赛中，谁先取得技术优势地位，谁就将拥有先发竞争优势。

1.4.3 以奋斗迎接挑战

中国之所以能在人工智能第三次浪潮期取得一定的成果，迈入发展较好的国家行列，离不开该领域中无数专家几十年如一日的奋斗和心血（如1.3节所述）。笔者过去5年也亲自见证了这场“马拉松赛跑”中许多人的奋斗历程，“中国智能车未来挑战赛”就是其中一个缩影。

2014年的“中国智能车未来挑战赛”是当时中国智能车领域最高级别的赛事。笔者在江苏常熟的挑战赛现场亲耳听挑战赛的总裁判长王飞跃教授描述了他经历过的惊险场景：一辆参赛的无人车，在终点撞倒了一排树，而且还接着撞到一位常熟市科技局的干部——所幸没有撞伤。（大概是因为无人车比赛限速每小时40千米，一旦超速就罚100分，时速超过45千米就立即罚下赛场，在抵达终点时也会减速的缘故。）

而笔者也目睹在场的科研人员，包括年届七旬的中国工程院院士李德毅（见图1.5）和小他几岁的中国工程院院士郑南宁，就在现场近距离观察、乘坐，冒着风险追求他们的“智能车”之梦，让人不能不由衷敬佩。而比赛的背后，又有多少次不为人知的试错和失败，才能换来“智能车”技术的进步！

李德毅院士向笔者介绍：智能车挑战赛是国家自然科学基金委员会的一个项目，国家在“十二五”期间拨出2亿元经费，调动六七所大学和科研单位在此期间研发无人车，挑战赛则用来进行成果展示。作为国家自然科学基金委员会重大研究计划的重要组成部分，“中国智能车未来挑战赛”创办于2009年，其目的是通过真实物理环境中的比赛来交流和验证我国

“视听觉信息的认知计算”研究进展和成果，搭建具有自然环境感知与智能行为决策能力的无人驾驶车辆验证平台，从而产生能满足国家重大需求并具有原创性的重大研究成果。

图 1.5　王飞跃教授、李德毅院士和中国指挥与控制学会秦继荣秘书长（从左到右）

郑南宁院士在现场告诉笔者，智能车是为人服务的，要想让实验室的研究成果走向真实世界，一定要在真实的交通环境下进行检测。

“中国智能车未来挑战赛”第一次比赛的时候，专家们甚至可以跟在车后面走；第二次比赛就是跟在车后面小跑了，大概一小时 7 千米的速度。他回忆道：第一次比赛只有 7 辆车，其中一辆是邀请来的国外表演车，国内有两辆还不能动，没有比赛。赛场是酒店的一个场地，外加野外 3 千米赛道。到 2014 年的第六届，已经有 22 个车队参赛，除九宫格城市道路外，综合赛道长达 14.5 千米。

中国的人工智能事业，就像挑战赛中的智能车一样，从蹒跚前行，到风生水起，经历了无数的艰难困苦，有无数像上述专家一样默默奉献的学术界和产业界人士付出他们的聪明才智和毕生心血。正是他们，保障了中国人工智能事业的光明前景。

1.5　政策支持下，中国人工智能驶入快车道

2019 年 5 月 16 日，两场重量级人工智能大会同期开幕，国家主席习近平向这两场大会分别致贺信。

对在北京举办的国际人工智能与教育大会，国家主席习近平指出：

人工智能是引领新一轮科技革命和产业变革的重要驱动力，正深刻改变着人们的生产、生活、学习方式，推动人类社会迎来人机协同、跨界融合、共创分享的智能时代。把握全球人工智能发展态势，找准突破口和主攻方向，培养大批具有创新能力和合作精神的人工智能高端人才，是教育的重要使命。

习近平强调：

中国高度重视人工智能对教育的深刻影响，积极推动人工智能和教育深度融合，促进教育变革创新，充分发挥人工智能优势，加快发展伴随每个人一生的教育、平等面向每个人的教育、适合每个人的教育、更加开放灵活的教育。中国愿同世界各国一道，聚焦人工智能发展前沿问题，深入探讨人工智能快速发展条件下教育发展创新的思路和举措，凝聚共识、深化合作、扩大共享，携手推动构建人类命运共同体。

对在天津举办的第三届世界智能大会，国家主席习近平指出：

当前，由人工智能引领的新一轮科技革命和产业变革方兴未艾。在移动互联网、大数据、超级计算、传感网、脑科学等新理论新技术驱动

下，人工智能呈现深度学习、跨界融合、人机协同、群智开放、自主操控等新特征，正在对经济发展、社会进步、全球治理等方面产生重大而深远的影响。中国高度重视创新发展，把新一代人工智能作为推动科技跨越发展、产业优化升级、生产力整体跃升的驱动力量，努力实现高质量发展。

举办世界智能大会，旨在为世界智能科技领域搭建一个交流合作、共赢共享的平台。希望大家围绕“智能新时代：进展、策略和机遇”的主题，深化交流、增进共识、加强合作，推动新一代人工智能健康发展，更好造福世界各国人民。

从这两封贺信可以看出，国家高度重视人工智能，将其视为推动中国发展的驱动力量，并大力支持人工智能发展，以推动相关产业实现跨越式发展。

无论是自身发展需求，还是应对当前国际形势，都要求中国勇立新潮头，大力发展人工智能以促进经济发展，而人工智能突飞猛进的发展也离不开国家的前瞻支持。

其实，人工智能自 2016 年起就已得到国家战略层面的重视。

2016 年 5 月，国家发展和改革委员会、科学技术部（以下简称科技部）、工业和信息化部（以下简称工信部）、中央网信办联合发布《“互联网 + ”人工智能三年行动实施方案》，明确提出到 2018 年国内要形成千亿级的人工智能市场应用规模。方案确定了六项保障措施，包括资金支持、标准体系、知识产权、人才培养、国际合作和组织实施。方案树立了如下实施目标：到 2018 年，打造人工智能基础资源与创新平台，人工智能产业体系、创新服务体系、标准化体系基本建立，基础核心技术有所突破，总体技术和产业发展与国际同步，应用及系统级技术局部领先。

《“十三五”国家战略性新兴产业发展规划》更指出，要加快人工智能支撑体系建设，推动人工智能技术在各领域应用。随后，相关政策进入爆发期，我国人工智能的发展进入快车道。

2017 年 7 月，国务院发布《新一代人工智能发展规划》，明确指出新一代人工智能发展“三步走”的战略目标，2030 年使中国人工智能理论、技术与应用总体达到世界领先水平，成为世界主要人工智能创新中心。

2017 年 12 月，《促进新一代人工智能产业发展三年行动计划（2018-2020 年）》发布，对同年 7 月发布的《新一代人工智能发展规划》进行了补充，详细规划了人工智能在未来三年的重点发展方向和目标，对各方向的目标都做了细致的量化。

2017 年，“人工智能”被首次写入政府工作报告，继续助力中国智能制造。国务院总理李克强在政府工作报告中指出：

加快培育壮大新兴产业。全面实施战略性新兴产业发展规划，加快新材料、新能源、人工智能、集成电路、生物制药、第五代移动通信等技术研发和转化，做大做强产业集群。

2018 年，“人工智能”再次被政府工作报告提及：

做大做强新兴产业集群，实施大数据发展行动，加强新一代人工智能研发应用，在医疗、养老、教育、文化、体育等多领域推进“互联网 +”。加快发展现代服务业。发展智能产业，拓展智能生活，建设智慧社会。

2019 年，“人工智能”第三次出现在政府工作报告中。值得注意的是，国务院总理李克强在政府工作报告中指出要“打造工业互联网平台，拓展

‘智能 +’，为制造业转型升级赋能”。

这是“智能+”第一次出现在政府工作报告中。作为国家战略的人工智能正在作为基础设施，逐渐与产业融合，加速经济结构优化升级，对人们的生产和生活方式产生深远的影响。

2019 年政府工作报告中的“智能+”出现在推动传统产业改造提升部分：

打造工业互联网平台，拓展“智能+”，为制造业转型升级赋能。支持企业加快技术改造和设备更新，将固定资产加速折旧优惠政策扩大至全部制造业领域。强化质量基础支撑，推动标准与国际先进水平对接，提升产品和服务品质，让更多国内外用户选择中国制造、中国服务。

在国家政策的支持与引导下，中国人工智能快速发展，国内 AI 企业获得了巨大助力与开放环境，更有底气奋力前行。

然而，国外 AI 企业一定程度上已经在起跑线上领先。2015 年，谷歌公司开源了其内部使用的机器学习软件库 TensorFlow，随后各大国际巨头掀起一阵“开源风潮”，人人可以随手获取“免费原材料”的时代似乎来临了。但这对于我国 AI 行业发展而言，却埋藏着巨大隐患。

对于这种企业间生态系统的构建，国家政府层面很难进行控制与干预。开源会引导技术发展的方向、路线，形成开源生态，创造商业模式。这一过程中影响力最大的仍是那些进行开源的国际 AI 巨头，它们掌握更大的权利。如果中国企业过度依赖目前的 AI 开源平台，对大量“随手可得”的源代码进行二次创新及技术改进，就可能落入国际 AI 巨头的计划之中。一旦这些巨头对开源项目进行限制，国内人工智能行业必将受到巨大冲击。

同样，底层技术积累薄弱等问题，短期之内也很难通过国家政策扶持来解决，仍需要很长时间的积累与沉淀。

目前，中国人工智能更重视应用技术，而轻视基础理论，底层技术积累薄弱，会导致“头重脚轻”等结构不均衡问题。因此，国务院总理李克强在 2019 年政府工作报告中指出，要：

提升科技支撑能力。加大基础研究和应用基础研究支持力度，强化原始创新，加强关键核心技术攻关。抓紧布局国家实验室，重组国家重点实验室体系。完善重大科技项目组织管理。健全以企业为主体的产学研一体化创新机制，支持企业牵头实施重大科技项目。加快建设科技创新资源开放共享平台，强化对中小企业的技术创新服务。扩大国际创新合作。全面加强知识产权保护，健全知识产权侵权惩罚性赔偿制度，促进发明创造和转化运用。

相比其他产业，人工智能仍属于新兴科技，这些问题还来得及解决：从国家层面洞悉人工智能发展态势，重点突破基础领域，针对人工智能底层技术，加强以深度学习为代表的底层算法模型的深入研究，积极布局影响人工智能未来发展的前沿基础理论研究。

第二章

人工智能就在我们身边

人工智能产业蓬勃发展，技术领域不断突破，其浪潮席卷整个社会，成为代表未来时代发展的大课题。基于大数据、深度学习、云计算等技术的综合应用而迅速成长壮大的人工智能，正在从衣食住行到教育娱乐等方方面面深刻地影响着人类社会。

科技照进生活，科幻电影中曾经出现过的智能生活如今正在一步步走出荧幕，变成现实。人工智能以多种形式“飞入寻常百姓家”：从让购物更加方便快捷的无人超市到让出行愈发容易的自动驾驶汽车，从认真执行指令的智能语音助手到帮你分担家务的智能家居机器人，从办公写字楼内的“刷脸”打卡到减少排队的智能政务系统……如今，在实验室中诞生的AI技术与理论就像阿拉丁神灯中那位法力无边的精灵一样，“变身”为人们生活中熟悉的模样，神奇地出现在你身边，无时无刻不在影响着人们的生活。

2.1 计算机视觉：让智能手机摄像头变成明亮的双眼

手机是目前承载人们数字化生活与工作的重要工具，智能手机或许会是AI未来最大的应用场景之一。在所有的AI技术中，最直观且最频繁被使用的技术之一就是计算机视觉。这项技术应用在智能手机中，让手机的摄像头升级为明亮的双眼，具备了敏锐的智能识别能力：可以实现人脸识别与认证以保护用户安全，AI摄影更可为人们增添生活体验与艺术分享的乐趣。

下面借助几个虚拟的人物，来剖析搭载了AI技术的智能手机在人们日常生活中的几个常见应用场景。

2.1.1 智能识别、认证与搜索，手机变身聪明小助理

4 月的一天，李立坐在会议室里，手机震动了两下——有信息来了，他低头瞄了一眼手机，手机迅速识别出他的脸，解锁成功。尽管从解锁时的角度来看，李立是有双下巴的，但手机依然能通过灵敏的人脸识别系统快速地识别出他的面孔。

开完会后，到了吃午饭的时间，但“吃什么”这个永恒的问题并没有困扰到他。李立最近正在健身，饮食方面需要配合。他看着同事们一起相约去吃湘菜的背影，叹了口气，默默点开了外卖软件找到他经常吃的那家沙拉店，点了一份沙拉外卖，跳转到支付页面时，他举起手机看了眼摄像头，无须输入密码，通过刷脸就完成了支付。

没过一会儿，他的外卖送到了，打开外卖后，他又拿出手机，用摄像头对准外卖盒子里的菜，旁边的同事忍不住凑了过来：“小李，都是绿油油的蔬菜，有什么好照的呢？”李立无奈地笑着说：“不是的，王姐，我在计算这些食物的热量，只要用手机摄像头对准食物，食物的热量值便能显示在屏幕上，”他接着叹了口气说：“防止我吃太多。”随后，李立拿着手机对准了外卖盒子里的小番茄，不到两秒，屏幕上就显示出了食物名称和对应的热量值。

“给我看看，给我看看，我的蛋炒饭能检测出来吗？”王姐也来了兴致，把她那份吃了一半的蛋炒饭端到了李立面前。李立笑道：“当然可以的，一些简单的中餐都可以测出来，之前我还拿手机扫过宫保鸡丁！”

结束一天的工作，下班回家看电视剧时，李立发现剧中男主角的衣服

很符合自己平时的通勤需求，他想要买一件同款的。当电视画面出现男主角的近景时，他赶紧拿出手机对着电视一拍——清楚地拍到了男主角的上衣。

李立打开淘宝 App，利用“拍立淘”功能将照片上传，系统扫描后锁定了这件上衣，随后，淘宝推荐了所有相似款式的衣服。在货比三家后，李立最终下单买了他想要的“男主同款”上衣。

从表面上看，是由手机中的前后两个摄像头帮助李立完成了手机解锁、支付、测量食物热量以及网上搜索购物等任务，而事实上，完成这些任务的并非这两个摄像头，而是手机中的计算机视觉技术——图像识别（包括人脸识别、物体识别等）。

如今最流行的人脸识别技术分为两种：基于前置摄像头的 2D 人脸识别和基于红外投射的 3D 结构光人脸识别。人脸识别技术已经在智能手机中得到广泛应用，通过高效的人脸识别算法，手机可以实现毫秒级的人脸解锁和“金融”级的人脸支付。前者为用户带来便利，后者则保护用户的资金安全。

传统的个人身份验证手段，如口令密码、身份证件等方式，均具有与身份人的可分离性，伪造、盗用等现象常有发生，无法满足人们从事经济活动和社会安全防范的需要。通过深度学习技术，人脸识别可以精准判断用户的真实性，并通过相关算法有效鉴别利用照片、视频等进行欺骗的行为。

2018 年开始流行的物体识别被称为智能手机中的智慧视觉功能。物体识别是通过模仿人眼对事物的视觉感知系统，利用多种深度学习算法完成若干种物体的识别和分类，从而实时获取并准确显示出物体或其名称。

2.1.2 AI 手机摄影：替代专业摄影机，将月亮拉到你手中

陈寒今年 30 岁，是一名摄影爱好者，不久前刚迎来一件喜事——他结婚了。陈寒的摄影装备可谓专业级别，他和妻子宋彦正是因为摄影结缘：在一次野外徒步活动中，陈寒把拍摄的景色照片发在微信群里，一下子就吸引了宋彦。

最近，他们选择去西藏蜜月旅行，因为他们听说被称为西藏“三大圣湖”之一的纳木错景色很美，夜晚在湖边赏月会发现这里的月亮和星星比很多地方都要明亮清晰。

除了想拍出美丽清晰的月色，陈寒还身兼新婚妻子的私人摄影师——拍出既有质感又有风格的照片。不过这次，宋彦发现陈寒并没有带全副武装的摄影装备，只带了新入手的智能手机。正当宋彦纳闷时，陈寒摇了摇手机说：“放心吧，有了这部手机，相当于带了专业单反，外加一副天文望远镜。”

在旅行中，这部有着 AI 技术加强摄影功能的智能手机果然带来了愉快的摄影体验：在 50 倍数码变焦下，月亮的边缘非常清晰甚至能看到表面的斑驳，不再只是以往手机照片中边缘模糊的一个小亮点。辅助 50 倍数码变焦的还有暗光摄影夜间成像技术——手持夜拍、AI 防抖，除了月亮与星空，夜色中远处的高山也拍得非常清晰。

另外，妻子的私人摄影师这一“职务”，陈寒也履行得非常成功：拍摄特写时，AI HDR+ 机器学习技术让逆光照片变得十分清晰，虚实分明——人实而景虚，堪称封面级大片。

除了拍摄照片外，陈寒还为宋彦录制了一段唯美视频。基于强大的 AI 芯片，录制的视频可以在手机上进行实时处理，实现背景色分离：宋彦当时身穿一袭红衣在湖边奔跑，智能手机实时识别出宋彦的身影，仅保留了宋彦身上的颜色，背后的景色均变成黑白色调，整个视频画面唯美且风格鲜明。

AI 早已成为厂商改善用户手机体验的一大发力点，而摄影则是其重要专攻方向。此前，计算机视觉技术仅用于手机自拍时的美颜滤镜，以及利用 AI 算法对环境光线和面部特征进行针对性优化。而如今，随着计算机视觉技术和智能硬件的不断升级，智能手机 AI 摄影为人们带来了更多的乐趣，专业摄影的门槛也在降低——人人都能拍出高清的月亮照片。

2.1.3 AI 芯片让智能手机睁开“双眼”

如果智能手机能把所有最强悍的 AI 功能集大成，无疑将成为一个强大的信息数据流处理枢纽和终端出入口。要建立起这样一个智能终端枢纽和出入口，则离不开芯片。

以“清晰拍摄”月亮的强悍摄影功能为例，华为 P30 就可以做到。而华为 P30 之所以有如此强大的 AI 摄影功能，与其芯片有着密不可分的关系，那么这款手机到底搭载的是怎样的超强芯片呢?

华为 P30 搭载的麒麟 980 芯片于 2018 年下半年发布，是全球首款商用 7nm 手机芯片。这是什么概念? 一根头发丝直径约为 0.1mm，而 7nm 相当于头发丝的万分之一，可见其工艺难度之大。

同上一代基于 10nm 的麒麟 970 相比，麒麟 980 的性能至少提高了 20%，而功耗却降低了 40%。

麒麟 980 发布之初就创下了 6 个当时的世界第一：

- 全球最早商用的采用台积电 7nm 工艺制程的手机 SoC 芯片；
- 全球首次实现基于 ARM Cortex-A76 开发的商用 CPU 架构，最高主频可达 2.6GHz；
- 全球首款搭载双核 NPU 的手机芯片；
- 全球最早商用 Mali-G76 GPU；
- 全球最先支持 LTE Cat.21，峰值下载速率 1.4Gbit/s，为业内最高；
- 支持全球最快 LPDDR4X 存储颗粒，主频最高可达 2133MHz，同样为业内最高。

麒麟 980 搭载双核 NPU，性能全面超越高通骁龙 845 和苹果 A11。前面提到的食品热量检测、AI 摄影和实时进行视频背景色分离等功能，都是由这样的手机 AI 芯片在背后发力。

麒麟 980 的 CPU 架构是全新设计的麒麟 CPU 子系统，由 2 个超大核（基于 Cortex-A76 开发）、2 个大核（基于 Cortex-A76 开发）和 4 个小核（基于 Cortex-A55 开发）三档能效架构组成。其中，超大核的主频达到 2.6GHz，用于处理急速任务；大核的主频达到 1.9GHz，用于长时间的持续任务；小核的主频为 1.8GHz，用于日常的使用。

华为消费者 BG CEO 余承东表示，从麒麟 980 最初的研发、IP 储备到最终的商业化量产，华为用了 36 个月的时间。也就是说，在 3 年以前，麒麟 980 项目就已经启动，其间华为投入了数千名资深半导体专家，进行了 5000 余次验证和检测。

至于麒麟 980 的研发费用，华为方面表示是“数亿美元”，因为“芯片是滚动研发，很难界定具体的投入是多少”。而关于投入产出比，华为表示他们并未把芯片作为一门生意在做，而是更在意产品的竞争力。

根据华为消费者业务发展情况，从品牌的形象塑造和产业影响力来看，麒麟系列芯片的投入是“非常值得的”。

目前，智能手机的竞争本质上是人工智能芯片和与 AI 软件系统融合的终端计算能力之争，华为、苹果、谷歌、三星等公司都推出了手机 AI 芯片，智能手机间的 AI 技术角逐也到了白热化阶段。可以说，人工智能技术的十八般武艺都蕴藏在小小的智能手机里面，谁能造出性能强大的 AI 芯片，谁就拥有手机的智能化未来。期待将来有越来越多的中国芯片公司能够在手机芯片领域位居世界前列。

2.2 让机器拥有听觉：智能语音交互打开智能生活的入口

除了让机器拥有视觉外，另一项人工智能技术——智能语音交互技术让机器拥有了听觉，机器可以听懂“人话”、做出反应，实现语音层面的人机交互。

2.2.1 最实用的人工智能入口：智能语音交互

如果将人工智能比作一顶皇冠，那么语音和语言技术则是这顶皇冠上的明珠之一。智能语音交互是当下最实用的人工智能入口——在很多场景下，机器能够“听懂”人话。

2018 年 11 月 30 日，2018 中国语音产业联盟年会在上海召开。工信部信软司领导参加大会并致辞，指出智能语音是最早落地的人工智能技术。

未来，人机语音交互是必然趋势。

事实上，人们对智能语音交互并不陌生，智能语音交互已经成为现代生活的重要组成部分，通常以智能语音助手的形式出现在手机中成为人们的生活助手，或者嵌入硬件变成语音音箱成为人们休闲娱乐的一部分，抑或升级为智能翻译机在出国旅行时帮助我们解决沟通难题。

从技术角度来讲，智能语音交互究竟是什么？阿里云官方给出的定义是：智能语音交互（Intelligent Speech Interaction）是基于语音识别、语音合成、自然语言理解（自然语言处理）等技术，在多种实际应用场景下，为用户提供产品“能听、会说、懂你”的智能人机交互体验。

语音识别最开始被简单理解成机器的听觉系统，先从语音转变成相应的文本，然后转化成机器可以识别的信号。在20世纪70年代早期及以前，语音识别采用的是非常传统的人工智能技术，如专家系统。直到隐马尔可夫模型的出现——使用统计语言模型进行统计语音识别，智能语音才有了极大的进步。随着深度神经网络的发展，带有时间戳的循环神经网络出现，先进AI技术的赋能让语音识别逐渐达到人类水平。根据《中国经营报》的报道，在第五届世界互联网大会上，中国AI企业科大讯飞表示，在安静的环境中，科大讯飞的机器人将口语（此处指汉语）转为文字，准确率可达到98%以上，已超过人类的平均水平，语音识别不再是瓶颈。

然而，“听清楚”并不等于“听明白”，语音识别可以将语音转化成正确的文本，但要正确理解文本传递的意思则需要依靠自然语言处理技术。和语音识别一样，随着人工智能深度学习技术的突破，自然语言处理也有了革命性的突破。深度神经网络技术的出现，有望解决此前自然语言处理中遇到的所有问题：词语切分、词性标记、实体命名识别、目标提取等。

正是因为语义理解获得了突破性进展，我们今天才能够享受到诸如“天猫精灵”“小度在家”“小爱同学”等良好的产品体验。

当语音识别与语义识别两大技术难关被攻破后，将开启一个全新的智能世界。智能语音交互技术可以减少语言障碍，减少沟通障碍，减少理解障碍，从而改善每个人的生活，让世界变得更加美好。智能语音交互技术在我国日常生活中已经实现落地应用，下面通过几个虚拟人物来了解相关技术是如何在生活中帮助人们的。

2.2.2　从生活到工作，无处不在的智能语音助手

28 岁的朱明是一位科技迷，科幻电影是他的最爱，最一线的科技产品他都想要试一试。在他看过的科幻电影中，最吸引他的角色是漫威出品的《钢铁侠》中的智能管家“贾维斯”，那位通过语音交流就能帮主人安排好一切的贴心智能管家。而如今，他的向往正在一点点地变为现实——随着智能语音交互技术的进步，拥有自己的“贾维斯”正在变为可能。

每天清晨，闹铃响后，朱明一边走向洗手间准备洗漱，一边大声喊：“小乐同学，今天温度是多少？”他喊的“小乐同学”是一台智能语音音箱。2018 年智能语音音箱大热，迷恋科技的朱明决定买一台体验一下。这台音箱和传统的音箱不同，可以和它聊天，可以给它下达指令。在早晨询问完天气状况后，小乐同学会告诉他当天的天气和穿衣指数。根据小乐同学所给的建议，朱明穿好衣服离开住所，开始了一天的工作。

朱明是一名金融从业者，平时会接触很多海外业务。这些业务通常都是以邮件的方式沟通，在地铁上，朱明就已经开始处理当天的工作。他对着手机说：“Lucy，帮我查询一下邮箱。”话音刚落，手机页面就弹出了他

的邮箱界面。

Lucy 是朱明手机中智能语音助手的名字，他只需按住 Home 键然后呼喊 Lucy 就可以唤醒这名助手。在处理业务时需要查询股票实时价格，朱明继续呼唤："Lucy，查询一下今天阿里巴巴和腾讯的股价。"

手机立刻用语音回答"帮您在网页中找到了关于今日阿里巴巴和腾讯股价的信息……"，手机页面同时弹出了一个搜索界面，上面显示了阿里巴巴和腾讯的实时股价。介绍完毕后，手机恢复到邮箱界面。在朱明一天的工作中，智能语音助手帮了他不少忙：查询联系人、搜索航班信息等。

当朱明晚上回到家后，他接着呼唤："小乐同学，放一首舒缓的音乐。"小乐同学播放一首钢琴曲，让朱明放松一下，消除工作一天的疲惫。除了金融从业者这一身份，朱明还是一名单身的"北漂"，这台会和他聊天交流的智能音箱缓解了他不少孤单的情绪。临睡觉前，朱明打开手机，唤醒 Lucy："Lucy，设定明早 7 点半的闹铃。"伴随着智能手机温柔体贴的回应，朱明一天的生活也进入了尾声。

智能语音交互已经把贴心服务的伙伴带入了人类的日常生活。此前，人与手机只是通过触摸、滑动交流，当技术迭代革新后，智能语音助手开始被安装到手机里，手机与人的交互形态也多了语音这一人性化的界面。如今，很多手机厂商都配备了各自的智能语音助手：苹果的 Siri、华为的小 E、小米的小爱同学、vivo 的 Jovi、OPPO 的 Breeno 等。

除智能手机上的语音助手外，新型智能硬件更加吸引年轻人的注意，智能音箱的销量已突破了千万级。随着现代生活方式的改变，年轻一代的消费者开始对智能硬件提出全新的要求，他们希望硬件产品变得更加智能、更加方便，也更加柔性。

通过智能语音助手或者搭载了智能语音助手的智能音箱，人机交互方式变得更加方便和高效，比起鼠键操控、触摸屏操控等传统的物理操控方式，语音控制使人机交互变得更加省时省力、更加经济高效。每个人都可以随时随地享受智能秘书的服务。

2.2.3 通晓多国语言，智能翻译机助你周游世界

随着人民生活水平的提高，我国出境旅游人数逐年增长，但语言沟通问题是横在很多游客面前的一道坎儿。不同国家或地区之间语言不通，不同省份地区也有各自的方言。一个人想要精通两门语言已经是很困难的了，想要精通 50 门语言，则几乎是不可能的。而人工智能技术，尤其是智能语音技术的发展，使不同语言之间的沟通变成可能。

如今，各大人工智能公司争相推出智能翻译机，这种智能翻译机利用神经网络机器翻译、语音识别、语音合成、图像识别、离线翻译以及四麦克风阵列等多项人工智能技术，最多可以实现中文与 50 种语言间的即时互译，覆盖近 200 个国家和地区，并且可以实现响亮的外放，让对方听得更清楚。

57 岁的周英女士退休后爱上了自由行，在游遍了祖国的大江南北之后，她把新的旅游目的地锁定在了境外，但想起语言不通这件头疼事，她的旅游热情就被浇灭了一半：在她上学的时候，英语教育并不普及，如今年龄大了，记忆力、学习能力都大不如从前，熟练掌握英语只能当成梦想了，更何况她想去旅游的国家并不仅限于英语国家。

2019 年 5 月，周英的女儿张丽为她购买了市面上新出的一款智能翻译机，外形和手机相似，很小巧，还配有一块 3 英寸（1 英寸约等于 2.54

厘米）左右的触摸屏幕，可以拿在手里或者挂在脖子上，同时支持上网功能。这款智能翻译机可以实现中文与 50 种语言的即时互译，而翻译时间只需要 0.5 秒。

张丽为妈妈演示如何使用时，周英的眼神中隐约透露出了不放心，在女儿的询问下，周英说道："我是广东人，平时讲粤语讲得比较习惯了，担心普通话讲得不够标准，这个小机器听不懂怎么办？"

张丽笑道："这您就不用担心了，厂商已经考虑到了这一问题，如今粤语也能直接翻译成英文。您还可以把这个翻译机推荐给你那些不会说粤语的朋友，普通话与粤语之间也能互相翻译。"

一个月后，带着这台智能翻译机，周英和朋友们去了澳大利亚旅游，据她会英文的朋友说，澳大利亚的英语口音与国内学习的英式英语和美式英语有不小的差别，即使这位朋友会讲英语，也有些听不大懂当地人说话。周英将她的智能翻译机借给这位朋友使用，尽管导游的英语带着非常浓厚的当地口音，翻译机照样可以清楚识别，翻译成标准的普通话。

除此之外，周英和朋友们还解锁了翻译机的新功能——拍照翻译，每次点餐时对着菜单一拍，屏幕上就会出现实时翻译的结果，看不懂国外菜单的尴尬也不复存在了。

考虑到我国是多民族、多语言、多方言的人口大国，如今市场上的智能翻译机还可以实现维吾尔语与汉语、藏语与汉语之间的即时互译。

事实上，对不同语言进行语音识别并进行翻译，无疑比单纯的语音识别技术更复杂，难度更高。基于深度学习的神经网络翻译机器的出现，让机器翻译有了跨越式的进步。

智能有两个层次。第一个层次是真正的感知智能（Perceptive Intelligence），包括看、听、闻的能力。第二个层次是认知智能（Cognitive Intelligence），即推理、学习和获得知识的能力。目前取得的AI技术的突破，大多是在感知层面的，如语音识别、语音合成、计算机视觉等。

据微软全球技术院士、首席语音科学家黄学东介绍，智能语音翻译实际上是介于感知智能和认知智能之间的一项技术，这项技术让我们能够真正在感知智能上取得成功，并扩展到认知智能。要把翻译做到可以和人类媲美的水平，智能语音翻译的成功是迈向认知智能的重要一步。

也正是随着技术的不断突破，智能语音交互技术成为最实用的人工智能入口，在如今追求快节奏、高效率的现代社会中，相关产品不断进入我们的日常生活，对以往的生活方式产生了重要影响。对于工作生活中的一些琐事，智能语音交互技术能够让人的双手“解放”出来并通过语音进行操作，达到事半功倍的效果。智能语音交互技术和相关产品也是目前各大厂商争先抢夺的高地，相信未来会有更多的智能语音产品为人们带来便利。

作为一门工具学科，人工智能除了视觉、语音等技术维度上的作用，对社会经济最重要的是，它能够跟许多行业和领域相结合来赋能生产，让人们的生活变得更美好。下面我们从教育这个视角，来看看人工智能给教育带来了什么变化。

2.3 千年教育大国：人工智能引领中国未来

人工智能是未来的时代大课题，教育是每个家庭必须面对的重要课题之一，而人工智能对教育的影响极为深刻。

如 1.5 节所述，2019 年 5 月 16 日，北京举办了国际人工智能与教育大会，在给大会的贺信中，国家主席习近平强调：

“中国高度重视人工智能对教育的深刻影响，积极推动人工智能和教育深度融合，促进教育变革创新，充分发挥人工智能优势，加快发展伴随每个人一生的教育、平等面向每个人的教育、适合每个人的教育、更加开放灵活的教育。”

中国人口基数大，教育市场广阔，作为国家百年大计，教育是科教兴国、教育强国的国家战略基础。而作为人力智力密集型行业，教师人力资源分配不均一直是教育行业的核心问题之一。随着 AI 技术在教育领域的普及应用，无论是学生的学习方式还是教师的教学方式都将有所改变。

同时，随着人工智能的兴起，AI 技能的训练和 AI 专业人才的培养乃至对 AI 兴趣的培养也逐渐成为各类学校的重点发展方向之一，AI 人才的培养与储备有利于为我国新一代人工智能发展提供战略支撑。

2.3.1 课堂内外：人工智能赋能传统教学

“人工智能 + 教育”的英文缩写为 AIED（Artificial Intelligence in Education），指人工智能赋能教育行业。如今，人工智能技术已经落地到现实教育场景中，对教师和学生产生了重大影响，是一场从课上到课下、从学习方式到教学方式的深度变革，AI 的出现推动了个性化教育的大范围实现，促使教育资源的分配更加优化均衡。

2019 年 3 月 13 日，教育部印发《2019 年教育信息化和网络安全工作要点》，其中提到“推动大数据、虚拟现实、人工智能等新技术在教育教学中的深入应用”。在课堂授课方式上，AI 的介入更是为教师与学生提供了一片新天地。

AI 技术如何能更好地在课堂教学中应用，更好地辅助教师进行教学呢?

根据新华网 2019 年 5 月 29 日的报道[①]，未来的化学课堂上将出现这样的场景：老师利用“人工智能增强现实全科实验台”进行化学试验演示，与以往不同的是，这场化学试验没有用到任何化学试剂和化学仪器，因为这座实验台是一款增强现实的产品，可以将教具、实训环境、试验课题等内容 3D 模块化。根据系统的提示，将特制的卡片置于操作台上，屏幕上便会同步输出对应的三维立体画面。按照实验操作步骤，屏幕上会将整个化学实验生动地展现出来，且随着实验操作不断出现相应的实验效果。这种演示方式能够让学生更加直观地了解不同的操作导致的不同实验效果，在现实中不易操作的演示或者存在危险的演示，都可以通过这个实验台展示给学生。

人工智能增强现实全科实验台背后的原理是：通过建立互联网云平台，整合优质教育教学资源，打破地域限制，将课本电子化，把大型实验器材浓缩成卡牌，把功能性实验室整合到一张课桌里。这些都是促进教育资源高效利用的“AI 实践”，目的在于解决传统课堂教育中教学资源不丰富、教学效率低下等问题。

从学生的课下自主学习来看，目前人工智能应用到教育中的产品主要是智能教学系统。如今 AI 公司推出的“人工智能 + 教育”产品主要致力于实现对学生的个性化辅导和教学，以缓解学生的个性化学习需求与师资力量不足之间的矛盾，即帮助学生通过 AI 实现自主学习。

① 新华网 2019 年 5 月 29 日《传统教育里的“AI 实践”——从讯飞幻境新产品应用说起》

理想的人工智能教育软件要能快速有效地判断学生的能力。这需要高质量的教学内容，持续性地分析和分解学生的知识图谱，并根据学生的知识图谱为学生提供定制化内容，从而形成一对一特色教育。

杨阳是一名高一学生，初中时期成绩优秀，考上了省重点学校的实验班。这里与县里初中的教学方法和教学进度完全不同，由于班里集结了全省范围的优秀学生，老师的教学进度明显快于其他学校，当其他学校的学生还在学习第二单元时，杨阳的老师已经讲到了第四单元。

这样的速度让杨阳有点吃不消，在课堂上，她很难跟上老师的进度——之前的知识点还没学扎实，新的一单元已经开始。所幸杨阳手中有一台计算机，在初中同学的介绍下她开始接触 AI 智适应学习系统，每天放学后，她针对课上新学的内容在系统中搜索名师视频讲义，然后进行大量的课后练习。根据练习结果，她能系统了解到自己在知识点掌握上的难点和薄弱点，接下来的教学规划就会聚焦于这些薄弱点，并逐个击破。

“AI+ 教育”赛道上的科技公司都会开发 AI 智适应学习引擎架构，利用大数据和学习分析技术采集和分析学生的各种数据，实现个性化教学。这些公司的产品利用 AI 智适应学习引擎架构，实现合理的知识点拆分，针对不同的学生进行个性化推荐，不需要真人教师，学生就可以根据自己的强弱项进行学习，达到较为高效的学习效果。

AI 智适应学习系统通常包括两大引擎：状态评估引擎和推荐引擎。状态评估引擎主要进行检测、判断和评估，推荐引擎则根据目前的检测判断结果以及检测对象的情况给出一个最优的路径，然后按照这个路径往下执行。

在传统教育领域，AI 的介入使教学方式更生动、更丰富、更高效。学生可以根据自身情况，自己把控课下学习进度，提高学习效率。

2.3.2 普及人工智能，AI 走进基础教育

除“人工智能 + 教育”正在赋能传统教育外，围绕 AI 自身的教育也在如火如荼地进行着，普及 AI 已经成为我国基础教育的重要课题之一，而这背后离不开国家政策的推动、学校与 AI 企业的协作。

对于高新科技的普及，我国早有“提前布局、迅速下手”的成功案例——“计算机的普及要从娃娃抓起”。

据人民网报道，1984 年 2 月 16 日，邓小平同志参观上海市展览馆举办的十年科技成果展。在观看完年仅 13 岁的计算机小操作手李劲展现其计算机学习成果后，邓小平说了这么一句话：“计算机的普及要从娃娃抓起。”

同年，计算机课程首次进入上海的高中课堂，第二年成为高中阶段的必修课。而如今，不止在上海，我国很多城市的中小学校都设有计算机机房、电子阅览室和多媒体教学设施。邓小平的这句话意义深远，推动了我国计算机普及事业和信息科技事业的长足发展。

35 年后，计算机科学又攀上新的阶梯，作为计算机科学一个分支的人工智能浪潮兴起。AI 如何与基础教育结合又成为新的课题，其中，AI 编程课程的普及与学习也要开始从娃娃抓起了。

早在 2017 年年底，山东省当时计划于 2018 年新出版的小学信息技术六年级教材中，就加入了高级编程语言 Python 的内容。在编程语言排名网站 ranked.com 公布的排名中，Python 是 2017 年最受欢迎的人工智能编程语言。

深圳大学副研究员陈飞在接受笔者所创公司新智元采访时表示，在小学开设 Python 编程课，更多着眼于培养兴趣和孩子的编程思维。“Python 适合在小学五年级以后开设，那时候学生已经掌握了加减乘除混合运算。”陈飞

说，“Python 课程可以让学生觉得计算机很神奇，引发他们的学习兴趣。”

小学生学习 AI 编程的背后离不开一系列政策的推动。

在 2017 年 7 月国务院印发的《新一代人工智能发展规划》中，提到了 6 项保障措施，最后一项“广泛开展人工智能科普活动”的具体内容就包括逐步推广 AI 编程教育：

支持开展形式多样的人工智能科普活动，鼓励广大科技工作者投身人工智能的科普与推广，全面提高全社会对人工智能的整体认知和应用水平。实施全民智能教育项目，在中小学阶段设置人工智能相关课程，逐步推广编程教育，鼓励社会力量参与寓教于乐的编程教学软件、游戏的开发和推广。

另外，教育部印发的《2019 年教育信息化和网络安全工作要点》也明确指出：

推动在中小学阶段设置人工智能相关课程，逐步推广编程教育。

自 2017 年开始，中小学阶段设置的人工智能相关课程相继出现，相关人工智能教材也层出不穷，适用人群从学前儿童到高中生。

2018 年 7 月 14 日至 15 日，由中国教育技术协会智慧学习工作委员会主办的“2018 年信息时代教学模式创新高峰论坛”在河南省郑州市举行。会上发布了智慧学习工作委员会人工智能实验项目组和联合国教科文组织合作的“智龙 X 计划”[②]，其中包括一套教材、一个 AI 平台、一批实验及应用案例，覆盖了学前教育、小学、初中、高中，甚至职业教育。

不同于其他学科，人工智能相关课程教学不能只依赖教科书，必须有

② 江苏科技报教育周刊 2018 年 9 月 7 日《智龙 X 计划——智慧中国人面向未来社会的教育行动计划》

相对应且更新及时的学习平台等软件装备作为训练支撑。目前中小学开设的人工智能相关课程也基本是采用教材传授知识，并辅以学习平台帮助练习实践的方式展开，而提供技术支撑的通常是掌握较为先进技术的AI企业。

2017年12月29日，教育部印发《普通高中课程方案和语文等学科课程标准（2017年版）》，人工智能、物联网、大数据处理被正式划入新标准。在《普通高中课程方案和语文等学科课程标准（2017年版）》中，把高中学习内容分成了必修课、选择性必修课和选修课。其中信息技术课程的具体结构如表2.1所示。

表2.1 高中信息技术课程结构③

类别	模块设计	
必修	模块1：数据与计算 模块2：信息系统与社会	
选择性必修	模块1：数据与数据结构 模块2：网络基础 模块3：数据管理与分析	模块4：人工智能初步 模块5：三维设计与创意 模块6：开源硬件项目设计
选修	模块1：算法初步 模块2：移动应用设计	

高中信息技术必修课是全面提升高中生信息素养的基础，包括“数据与计算”和“信息系统与社会”两个模块，“人工智能初步”模块则放在选择性必修部分。相比初中生和小学生，高中生具备更高的素质去学习和探索人工智能。

在新的课程标准出台后不久，2018年4月28日，《人工智能基础（高中版）》正式发布，这本高中课程教材由商汤科技、华东师范大学国际慕课

③ 信息来源：《普通高中课程方案和语文等学科课程标准（2017年版）》文件

研究中心和上海交通大学附属中学、华东师范大学第二附属中学等 6 所学校合作完成。

华东师范大学第二附属中学、上海交通大学附属中学、清华大学附属中学、上海市市西中学等全国 40 所学校成为首批“人工智能教育实验基地学校”，覆盖了上海、北京、江苏、辽宁、云南、江西、山西、山东、新疆等省、自治区和直辖市。

除提供教材外，商汤科技与相关企业还合作设立了人工智能教学实验室，配置了 GPU 和商汤科技的深度学习开放平台，学生上课时可以根据课本内容结合实验室的模型进行技术实践与体验，有利于发挥学生的想象力和创造力，更好地理解人工智能。

在人工智能走进基础教育的路上出现了一个又一个里程碑，中国娃娃们已经掀起学习人工智能的热潮，AI 的普及将为我国在 AI 人才下一阶段的竞争带来更多的利好。政策的扶持与引导，加上拥有先进技术的 AI 企业的协助，将为我国未来的 AI 人才培养不断补充新鲜的原创血液，形成日渐完善的、多层级的 AI 人才储备。

2.3.3 高校发力：我国尖端 AI 人才培养与储备

人工智能的普及正在走进基础教育，青少年可以更早且更好地了解、学习人工智能方面的知识，提前培养兴趣，提升自身竞争力，迎接人工智能时代的到来。而培养学术界与产业界真正需要的人才，需要高等院校与企业协同发力，瞄准人工智能世界前沿水平。

对于我国 AI 人才的培养与储备，国家政策发挥了强大的引导与鼓励作用。早在 2017 年印发的《新一代人工智能发展规划》中，“加快培养聚集人工智能高端人才”就被列为重点任务。

除从国外引进高端AI人才外，国内高校和企业培养本土AI人才也是未来我国人工智能发展的重中之重。《新一代人工智能发展规划》指出：

建设人工智能学科。完善人工智能领域学科布局，设立人工智能专业，推动人工智能领域一级学科建设，尽快在试点院校建立人工智能学院，增加人工智能相关学科方向的博士、硕士招生名额。鼓励高校在原有基础上拓宽人工智能专业教育内容，形成“人工智能＋X”复合专业培养新模式，重视人工智能与数学、计算机科学、物理学、生物学、心理学、社会学、法学等学科专业教育的交叉融合。加强产学研合作，鼓励高校、科研院所与企业等机构合作开展人工智能学科建设。

为进一步落实AI人才培养的任务，2018年4月2日，教育部发布关于印发《高等学校人工智能创新行动计划》的通知，引导高等学校瞄准世界科技前沿，不断提高人工智能领域科技创新、人才培养和国际合作交流等能力，为我国新一代人工智能发展提供战略支撑。

在国家政策的推动下，人工智能高校教育也掀起热潮。这一发展原动力促使高校主动适应经济社会发展需求。同时，教育的本质是树人，高质量和前瞻性是其要求具备的重要属性。关于高质量，高校中人工智能相关学科的开设则要满足学科准则和需求准则。

主动服务社会需求是高等教育不可忽略的使命，增设人工智能专业，发展人工智能教育将是国内高校当前和今后较长时期的一个努力方向。

人工智能本科教育热潮兴起

2018年开学季，80名大一新生走入南京大学（以下简称南大）的校园，成为南大第一批人工智能本科专业学生。这批本科生也是我国最早开始从本科阶段就系统学习人工智能专业而非其他相近专业的新生群体。

截至 2019 年 9 月，他们已经进行了一年的人工智能专业系统化学习，而一年前他们选择成为第一批“吃螃蟹”的人的原因也基本一致——对人工智能或计算机领域感兴趣，并且相信南大能够提供优质的教学资源。

据《南方都市报》报道，南大人工智能专业 2018 级学生高辰潇告诉记者，他本来就对计算机相关学科感兴趣，“经过了慎重考虑”后决定进入人工智能专业就读，选择南大则是因为南大在计算机领域有着深厚的积累，新成立的人工智能学院汇聚了诸多经验丰富的教授和科研成果卓著的课题组，他相信在南大能够学习到“将来可以支撑自己在相关领域一直走下去的知识和技能”。

对人工智能有着浓厚兴趣的王晨渊同样在报考前做了大量功课，他从全国第四轮学科评估结果了解到南大的计算机学科实力在全国名列前茅，并认为人工智能学院“有着光明的发展前景”。

饶睿策选择报考南大人工智能学院则是受到院系教授个人魅力的感召，“南京大学人工智能学院由人工智能领域‘大牛’周志华教授一手创办，我平常也对 IT 行业很感兴趣，很希望能在专业顶尖学者的带领下学习 IT 尤其是当今热门的人工智能。”④

2018 年 3 月，在计算机领域有着深厚积累的南大设立人工智能学院，让这个“有着光明发展前景”的专业首次成为高考生报考志愿的选择之一，领跑 AI 本科教育，顺应时代的需求。

这背后同样离不开国家政策的引导。在 2018 年 4 月的《高等学校

④ 《南方都市报》2019 年 6 月 11 日《首批人工智能本科生：“硬核”课程是挑战也是动力》

人工智能创新行动计划》中，教育部重点提出“引导高校通过增量支持和存量调整，稳步增加相关学科专业招生规模、合理确定层次结构，加大人工智能领域人才培养力度”“深入论证并确定人工智能学科内涵，完善人工智能的学科体系，推动人工智能领域一级学科建设”“鼓励对计算机专业类的智能科学与技术、数据科学与大数据技术等专业进行调整和整合，对照国家和区域产业需求布点人工智能相关专业”“支持高校在计算机科学与技术学科设置人工智能学科方向”等任务。

除南大外，越来越多的高校加入了 AI 本科培养大军，单独设立人工智能本科专业，而非只是开设人工智能相关课程，例如此前已有的“智能科学与技术”“机器人工程”专业，人工智能教育建设已经掀起热潮。

根据上述教育部印发的通知，人工智能专业代码 080717T（T 代表特设专业），学位授予门类工学，学制四年。新增人工智能专业的 35 所高校如图 2.1 所示。

除增设人工智能相关专业外，和南大一样，一些国内高校也专门成立了人工智能学院来培养本科 AI 人才。有些高校更是通过与 AI 企业合作办学的方式来培养更符合产业发展需求的 AI 人才。

2019 年 1 月 21 日，西安交通大学（以下简称西安交大）举行人工智能学院揭牌仪式，首任院长是旷视科技首席科学家、旷视研究院院长孙剑博士。孙剑的本科、硕士、博士都是在西安交通大学完成的。此外，孙剑还担任西安交通大学的兼职教授，再加上他作为 AI 创业公司高管的身份，让我们看到了产学研合作在培养优秀本科 AI 人才上新的可能性。

2018 年，西安交通大学“人工智能拔尖人才培养试验班”正式成立，秋季第一批入学的本科生按照“优中选优”的原则，50% 左右通过高考招生选拔，50% 左右通过校内新生选拔，在学习过程中施行动态管理与进出机制，最后选出 55 人作为新成立的西安交通大学人工智能学院首批本科生。

学校名称	专业名称	专业代码	学位授予门类	修业年限	省份
北京科技大学	人工智能	080717T	工科	四年	北京
北京交通大学	人工智能	080717T	工科	四年	北京
北京航空航天大学	人工智能	080717T	工科	四年	北京
北京理工大学	人工智能	080717T	工科	四年	北京
上海交通大学	人工智能	080717T	工科	四年	上海
同济大学	人工智能	080717T	工科	四年	上海
华南师范大学	人工智能	080717T	工科	四年	广东
天津大学	人工智能	080717T	工科	四年	天津
吉林大学	人工智能	080717T	工科	四年	吉林
长春师范大学	人工智能	080717T	工科	四年	吉林
四川大学	人工智能	080717T	工科	四年	四川
电子科技大学	人工智能	080717T	工科	四年	四川
西南交通大学	人工智能	080717T	工科	四年	四川
安徽工程大学	人工智能	080717T	工科	四年	安徽
山东大学	人工智能	080717T	工科	四年	山东
中北大学	人工智能	080717T	工科	四年	山西
武汉理工大学	人工智能	080717T	工科	四年	湖北
南京大学	人工智能	080717T	工科	四年	江苏
东南大学	人工智能	080717T	工科	四年	江苏
南京农业大学	人工智能	080717T	工科	四年	江苏
南京信息工程大学	人工智能	080717T	工科	四年	江苏
江苏科技大学	人工智能	080717T	工科	四年	江苏
江西理工大学	人工智能	080717T	工科	四年	江西
中原工学院	人工智能	080717T	工科	四年	河南
浙江大学	人工智能	080717T	工科	四年	浙江
湖南工程学院	人工智能	080717T	工科	四年	湖南
兰州大学	人工智能	080717T	工科	四年	甘肃
厦门大学	人工智能	080717T	工科	四年	福建
东北大学	人工智能	080717T	工科	四年	辽宁
大连理工大学	人工智能	080717T	工科	四年	辽宁
重庆大学	人工智能	080717T	工科	四年	重庆
西安交通大学	人工智能	080717T	工科	四年	陕西
西安电子科技大学	人工智能	080717T	工科	四年	陕西
西北工业大学	人工智能	080717T	工科	四年	陕西
哈尔滨工业大学	人工智能	080717T	工科	四年	黑龙江

图 2.1　新增人工智能专业的 35 所高校名单

这种“优中选优”的模式在人工智能人才培养方面早已存在。尽管不是专门为人工智能设立，但却依然培养出不少顶尖 AI 人才的清华大学“姚班”(清华学堂计算机科学实验班)和北京大学“图灵班”就是以“优中选优”的方式来挑选学生的。这两所高校对人工智能本科教育的重视曾引起外界极大关注。

清华学堂计算机科学实验班由世界著名计算机科学家、图灵奖得主、中国科学院院士姚期智于 2005 年创办，致力于培养与美国麻省理工学院、普林斯顿大学等世界一流高校本科生具有同等甚至更高竞争力的拔尖创新计算机科学人才。“姚班”并非学生在填报高考志愿时就可以填报，而是在学生入校后，先个人申报，再通过二次考察，择优录取。自 2005 年开班至今，“姚班”已成为“最优秀的本科生和最优秀的本科教育”的代名词。

2019 年 5 月 18 日，清华大学宣布成立以培养人工智能人才为目标的人工智能学堂班(清华大学官方称其为“智班”)。根据《新京报》报道，这个班级将成为清华学堂人才培养计划的第八个实验班，同时也是清华大学的第二个“姚班”，因为这是继“姚班”之后姚期智院士第二次出任首席教授。

“智班”与“姚班”相似，采取阶段式的培养方式：学生在本科低年级阶段打好基础，专门学习数学、计算机与人工智能方面的核心课程；在高年级阶段，则通过交叉联合学科培养方式将人工智能与其他前沿学科相结合。⑤

而中国另一顶尖高校北京大学也于 2017 年开始举办第一届“图灵班”，标志着北大计算机科学技术人才培养改革正式启动。1986 年图灵奖得主约

⑤ 《北京晚报》2019 年 5 月 19 日《清华北大设人工智能新专业》

翰·霍普克罗夫特教授按照国际前沿的计算机专业课程体系，负责指导“图灵班”的培养方案设计。

2017 年 7 月至 8 月期间，霍普克罗夫特教授亲自参与面试学生，从报名的近 80 名本科生中遴选出首批 24 名“图灵班”学员，主要来自北大信息技术、元培、数学等院系。计划今后每年都从大一学生中选拔约 30 人进入“图灵班”。2018 年，北大“图灵班”计划招收 60 人，分为计算机科学方向与人工智能方向。

除此之外，根据北青网、新华社和北京昌平微信公众号等媒体报道，北京大学将在昌平建立一个新校区，以人工智能为特色，并以面向未来的应用型学科和新型工科为主要发展方向。

我国高等院校设立人工智能本科专业的数量猛增，而在探讨如何培养 AI 尖端本科生方面，我国不少顶级高校也进行了新的探索与实践——或进行产学研合作，或以“优中选优”的方式成立专注于人工智能的本科试验班。

人工智能作为一门严肃的学科已经经历了 60 多年的发展，形成了庞大的知识体系。在原有学科框架下的修修补补，对培养高质量 AI 专业人才的作用并不大，高校需要为学生在本科阶段就建立起基于人工智能学科自身特点的全新培养体系。

我国有越来越多的高校相继成立单独的人工智能本科专业或者人工智能学院，即使从世界范围来看，它们也属于在人工智能本科培养方面起步较早的一批高校。计算机领域的佼佼者、世界顶尖高校卡内基-梅隆大学在 2018 年 5 月才宣布正式设立人工智能本科专业。目前我国高校仍处于自主创新探索的时期，需要不断思考与探索，开拓出适合我国的本科 AI 人才培养之路。

培养已见成效，在世界上崭露头角的中国 AI 人才们

人工智能本科教育热潮兴起，但本科 AI 人才的培养尚处于摇篮阶段。经过数年的积累，年轻的中国 AI 人才已经在世界范围内崭露头角：有的在人工智能顶级会议上获得极高荣誉，有的在 AI 初创企业担任重要职务。仅 2019 年上半年，就有不少中国青少年在 AI 领域取得佳绩，以下分别介绍几个 AI 学术界和产业界的故事。

（一）清华“姚班”毕业生马腾宇获 ACM 博士论文奖荣誉奖

2019 年 5 月，ACM 官网公布了 2018 年度 ACM 博士论文奖，荣誉奖获得者正是一位出身清华大学“姚班”、醉心于人工智能理论研究的青年学者。

ACM 博士论文奖每年向计算机科学与工程领域的最佳博士论文作者颁发一次，奖金 2 万美元，荣誉奖奖金 1 万美元。获奖论文将被收录为 ACM 系列书籍在 ACM 数字图书馆发表。马腾宇本科毕业于清华大学交叉信息研究院，是 2008 级“姚班”校友。马腾宇在普林斯顿大学读博期间，就已在国际顶级会议和期刊上发表高质量论文近 20 篇。

2017 年，在谈及“姚班”教育时，姚期智曾高度评价这批学子：“他们确实可以说在人工智能领域是先驱，将来一定会在该领域留下非常深刻的痕迹。”

（二）张祥雨：3 年看 1800 篇论文，28 岁掌舵旷视科技基础模型研究

在人工智能领域成为先驱并不仅限于学术界。有着“AI 四小龙”之称的旷视科技把开辟基础算法新路的斧头交给了一位 28 岁的年轻人张祥雨。

他是旷视研究院基础模型（base model）组负责人，带领组里 30 多位年轻人为旷视科技寻找下一个兼具学术和产业价值的算法模型。

跟旷视研究院院长孙剑的经历一样，张祥雨也是一名“土生土长”的西安交大人，从本科到博士都在西安交大就读，在大三那年（2011 年），张祥雨拿下了美国大学生数学建模竞赛特等奖提名奖（Finalist），创下西安交大参加该项竞赛以来历史最好成绩。

这样一个不到 30 岁的年轻人，在近年来深度学习推动人工智能在学术界和产业界发展的进程中，虽然身居幕后却贡献很大：2015 年横空出世的 ResNet，张祥雨是主要作者之一，他负责底层框架和编码，跟第一作者何恺明打配合；之后他又提出 ShuffleNet。ShuffleNet 凭借轻量级低功耗和高性能，成为旷视科技拿下 OPPO、小米等手机大厂视觉订单的核心技术。

目前，张祥雨又把研究重点放到了另一个领域：AutoML。AutoML 可以自动化设计和训练 AI 模型，是用“计算换智能”的新范式。模型自动化是当前 AI 技术的一个发展趋势，也是旷视科技人工智能框架 Brain++ 的核心要素之一，打通了从数据到部署的算法全要素、全流程生产。旷视研究院 Brain++ 框架下的 AutoML 将成为其战略升级的重要技术支撑。可以说，张祥雨的工作直接影响着公司未来的业务。

经过数年的成长与磨炼，一位优秀的 AI 人才可以直接影响一家出色的 AI 初创公司的未来业务。随着我国对人工智能教育重视程度的提升，越来越多人工智能学院和人工智能本科专业的设立将如雨后春笋般涌现，未来会出现更多像张祥雨这样年少有为的 AI 英才。高校会成为我国 AI 人才的储备基地并将这些人才源源不断地输送到需要的地方，为我国新一代人工智能发展打下坚实基础，引领未来发展。

经过六十余年的发展，人工智能已经逐渐从概念转为日益普遍的现实场景，并将“触手”伸向了日常生活的各个领域，潜移默化地影响着我们的生活、娱乐和工作方式。计算机视觉技术与智能语音交互技术让机器有了视觉和听觉，甚至有了可以和人交谈的能力。人工智能技术嵌入机器中，变身成为人们的小助手，完成我们下达的关于工作与生活的各类任务，为我们带来了种种便利：让支付更加方便、快捷、安全，让人与人的语言交流更加顺畅，让教育方式变得更加丰富多彩、更加个性化。

人工智能已经成为我们身边必不可少的技术，而人们对人工智能需求的增长也促使人工智能技术不断升级。人工智能技术发展加速需要大量的AI 人才，以满足经济社会发展的需求。无论是基础教育的普及，还是高校多层次AI 人才的培养，都体现出人工智能已经深入年轻一代的学习生活中。在成长过程中，无数学子会接触人工智能、选择人工智能，AI 逐渐从为兴趣而学习的编程课程，变为影响他们选择并为之奋斗终生的学科专业。厚积薄发，中国必将成为人工智能强国。

人工智能就在我们身边，影响着我们，帮助着我们，推动着我们。

第三章

智能云·芯世界，中国的人工智能基础平台

人类正在迈入一个“宽泛的人工智能”的时代，人工智能技术开始解决一些特定领域的问题，甚至跨多个领域的问题。在这样的应用背景下，人工智能对计算能力的要求越来越高。

人工智能的发展需要巨大的计算能力来支撑，而计算能力是推动人工智能应用和技术突破的核心驱动力。至少在当前的许多领域，处理更多的计算意味着更好的性能，并且计算能力的提升常常与算法的进步互相促进。

对于“计算能力”，我们熟知集成电路领域的“摩尔定律”指出：单位面积集成电路上可容纳的元器件的数目每隔 18~24 个月便会增长一倍，集成电路性能也会提升一倍。但人工智能所需的计算量，其增速远比集成电路的摩尔定律要快。

2018 年 5 月，美国的人工智能研究组织 OpenAI 发布了一份关于 AI 计算能力增长趋势的分析报告。在这份报告中，使用“用于训练单个模型的计算量”这一指标来衡量人工智能所需的计算能力。

OpenAI 的报告显示：从 2012 年开始，AI 训练中所使用的计算量呈指数增长，平均每 3.43 个月增长一倍（摩尔定律中增长一倍的时间是 18~24 个月）。到 2018 年，这个指标已经增长了 30 万倍以上（如果按 18 个月增长一倍计算，同时期计算量仅能增长 12 倍）。

图 3.1 展示了用来训练一些著名的 AI 模型并得到较好结果的计算总量，1 petaflop/s-day（pfs-day）是指一天中每秒执行 10^{15} 次神经网络操作，或一天总计约 10^{20} 次神经网络操作。

OpenAI 在 2019 年 7 月从微软筹集到 10 亿美元，用于加速对人工智能“圣杯”的追求：5 年内建造一台能够实现通用人工智能的计算机，构建一个能够运行“人脑规模的 AI 模型”的系统。随着计算机硬件变得越来越强大，深度学习系统中使用的学习算法将会进化，拥有今天的程序员永远也不可能直接对其进行编程的能力。

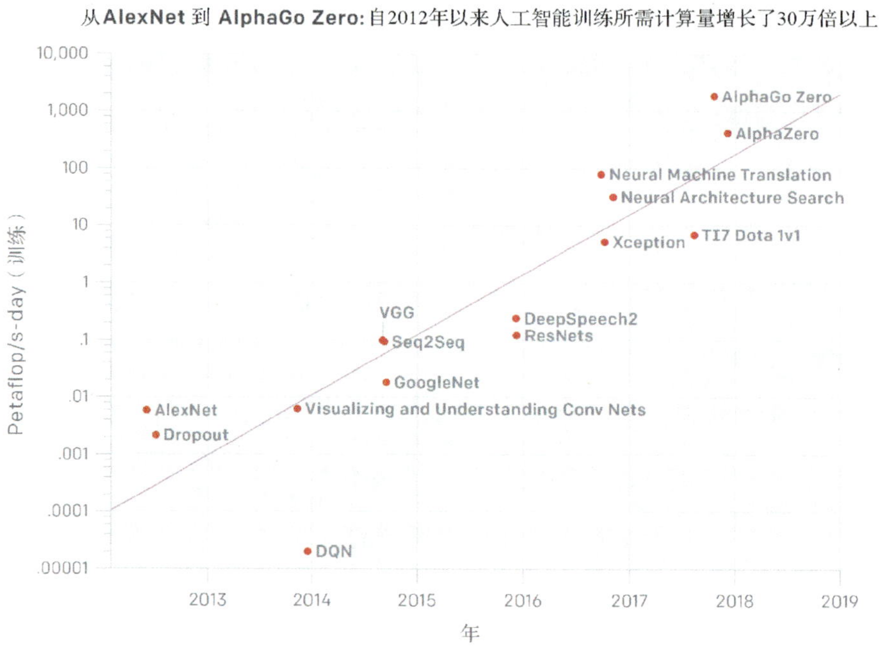

图 3.1　AI 训练所需计算量的增长趋势（来源：OpenAI《AI 与计算》）

OpenAI 董事长兼首席技术官格雷格 · 布罗克曼（Greg Brockman）宣称，AI 计算能力增长的超摩尔定律可以再延续 5 年。他认为过去 7 年的进步就像把智能手机的电池续航时间从 1 天延长到 800 年：同样的指数曲线再延续 5 年，电池寿命将达到 1 亿年。而今天最先进的神经网络大致与蜜蜂的大脑差不多。但是，OpenAI 相信，在接下来的 5 年里，人工神经网络有望与人类的大脑相当。拥有与人类相匹敌的认知水平，被认为是具有超越人类智能的计算机问世之前的最后一步。

对于这种趋势会持续多久，以及持续下去会发生什么，用过去的趋势来预测显然不够。但可以肯定，未来几乎所有人类活动都会留下数字印记，人与人、人与物、物与物之间的连接将无处不在，并不断产生海量数据。这些数据要转换成人工智能的燃料，就需要计算能力来收集、存储和处理。因此，在人工智能时代，计算能力就是生产力，人工智能的进步离不开计算能力的升级。

中国人工智能的发展更是离不开计算能力。2019 年 3 月，IDC 和浪潮联合发布《2018—2019 年中国人工智能计算力发展评估报告》，报告显示：2018 年，中国人工智能市场投资规模约 25 亿美元，其中 70% 以上为以计算能力为核心的基础架构硬件市场投资。2022 年全球 AI 市场中用于计算能力的投资将超过 176 亿美元，市场未来 5 年的复合增长率将超过 30%，中国人工智能基础架构硬件市场规模将超过千亿元。

未来 AI 计算能力的发展有三大主题——云计算、边缘计算和 AI 芯片。当前，大多数 AI 芯片都是为数据中心开发的，而数据中心是云计算赖以实现的基础设施，因而云计算和人工智能的各种加速算法关系密切。但这种关系已经在发生变化，因为人工智能处理的内容很大一部分将不在云上，而是发生在边缘，边缘计算可将人工智能嵌入消费者生活的方方面面。此外，专用 AI 芯片也正在将机器学习从云端延伸到终端和边缘设备上。

3.1 智能云：数字化智能世界的基础

云计算引爆了科技行业的繁荣，似乎每家科技公司都有充分的理由把业务迁到云端。云服务赋能数字经济，给人们的工作和生活带来了翻天覆地的改变。

3.1.1 云计算就是智能互联网的水电煤

云计算是一种基于互联网的计算方式，在人工智能时代更要提供按需交付的强大计算资源。云计算已经成为互联网的水电煤。用户用电时，不会去想电是怎样生产出来的，也不关心电厂建在哪里，只要插上插头，就能用电。同样，用户使用云计算时，也不需要了解“云”中基础设施的细节，不必具有相应的专业知识，更无须直接进行控制。对用户来说，由服务商提供的服务所代表的网络元素都是看不见的，仿佛被云所覆盖。

水电煤是现代人生活的刚性需求。同样，云计算作为智能化 IT 的基础设施，也拥有巨大的市场需求。市场研究机构高德纳（Gartner）每年都会对全球公有云市场进行预测。在 2019 年 4 月发布的报告中，高德纳预测，到 2022 年，全球公有云服务市场的规模将达到 3312 亿美元，如表 3.1 所示。

表3.1 全球公有云服务收入预测①

	2018	2019	2020	2021	2022
云业务流程服务（BPaaS）	45.8	49.3	53.1	57.0	61.1
云应用基础设施服务（PaaS）	15.6	19.0	23.0	27.5	31.8
云应用服务（SaaS）	80.0	94.8	110.5	126.7	143.7
云管理和安全服务	10.5	12.2	14.1	16.0	17.9
云系统基础设施服务（IaaS）	30.5	38.9	49.1	61.9	76.6
市场总量	182.4	214.3	249.8	289.1	331.2

① 数据来源：高德纳报告 Forecast: Public Cloud Services, Worldwide, 2016–2022, 4Q18 Update

虽然“云”这个术语看起来很抽象，但云计算给企业带来的好处却是实实在在的。随着云计算在计算领域的普及，越来越多的企业开始将业务迁移到云上。2018 年，IBM 发布的《云原生开发的企业展望》（*The enterprise outlook on cloud-native development*）报告显示，接下来 12 个月内开发的应用程序将有 55%被设计为云原生的，而 75% 的现有非云应用程序将在未来 3 年内迁移到云端。

云计算平台提供一系列新的强大工具，覆盖人工智能、机器学习、大数据等，这些工具与云的能力相结合，可以呈指数级地扩展计算能力，为各种规模的企业提供快速扩展的机会。对企业来说，云计算最大的优势之一是敏捷性。通过简化部署流程，云可以帮助企业更快地实现产品的市场推广。

云计算的好处还包括节省成本、提升安全性等。对于一些仅在某段时间使用而大部分时间空闲的应用程序，将其托管在云端，比使用专用硬件和软件更经济。此外，作为专门的机构，云提供商也比大多数组织能够提供更好的安全性。

3.1.2 人工智能——云计算的杀手级应用

将人工智能和云计算结合在一起将重塑整个 IT 基础设施，可以说，人工智能是云计算的杀手级应用。

企业将加速采用基于云的人工智能软件和服务。德勤全球（Deloitte Global）预测，2019 年，在采用 AI 技术的公司中，70% 将通过基于云的企业软件获得 AI 能力，65% 将使用基于云的服务开发 AI 应用程序。德勤全球还预测，到 2020 年，在采用 AI 技术的公司中，具有集成 AI 能力的企业软件和基于云的 AI 平台的公司将分别达到 87% 和 83%[②]。

云计算将推动人工智能在更大规模上实现，并推动人工智能能力的普及——即使是缺乏人工智能专业知识、人才和硬件设施的小公司，也能通过云获得 AI 能力，因为大公司正在将 AI 能力集成到基于云的企业软件中，并将其带入大众市场。

谷歌、微软和亚马逊等公司纷纷推出“机器学习即服务（Machine Learning-as-a-Service，MLaaS）”。顾名思义，MLaaS 是以云服务的形式提供机器学习工具的一系列服务。MLaaS 提供的工具包括数据可视化、API、人脸识别、自然语言处理、预测分析和深度学习等，服务商的数据中心则负责处理实际的计算。MLaaS 的主要吸引力在于，与其他云服务一样，客户无须安装软件或配置自己的服务器，就可以快速开始应用机器学习。对小型企业来说，从头开始打造一整套人工智能系统并不是一件容易的事情，而 MLaaS 提供了一个更简单的选择：采取捷径，使用预训练的神经网络来处理主要由云服务提供商提供的图像、视频、语音和自然语言数据。以图 3.2 所示的谷歌 Cloud AutoML 为例，只需极少的工作量和机器学习专业知识，Cloud AutoML 即可训练出高质量的自定义机器学习模型。

智能云成为 ToB 产业的兵家必争之地。2018 年以来，云计算巨头亚马逊和微软市值先后突破 1 万亿美元，两家公司正是通过智能云的业务转型实现了崛起。云服务是亚马逊除传统零售业务和商户佣金外，收入占比最大的业务之一。微软也在智能云上发力，提出“移动为先，云端至上（Mobile First，Cloud First）”的口号，将传统 Office 产品全面云化，

② Deloitte：Artificial intelligence: From expert-only to everywhere, TMT Predictions 2019

并创造性地开发了云游戏，公布了全新的流媒体服务 xCloud，为公司带来了巨大的用户量和可观的收入。云端业务在 2018 年为微软创造了 340 亿美元的营收。

图 3.2　谷歌的 Cloud AutoML

在美国，智能云已经成为 IT 产业最主流的发展方向，能代表未来 IT 服务的企业是提供智能云服务的公司。在中国，阿里巴巴、腾讯、华为、百度等企业也纷纷发力企业智能平台，通过云服务提供 AI 能力。中国要打造世界级的 AI 企业，也必须以智能云为基础，让智能云成为智能社会的支柱产业。

中国云计算先行者阿里云很早就推出了 ET 大脑，并逐步开发了 ET 城市大脑、工业大脑、农业大脑、环境大脑、医疗大脑和航空大脑。ET 大脑提供一站式智能技术，能解决社会和商业中的棘手问题。如 ET 城市大脑，它以智能云为计算基础设施，同时获取丰富的城市数据资源，对这些数据进行分析，进而做出高效的社会治理决策，推动城市可持续发展。

中国的城市化在过去十多年里经历了跨越式的发展，大规模的城市化在带来经济繁荣的同时，也带来了交通拥堵、公共服务效率低下等城市发展难题。城市大脑的智慧方案将有助于解决这些问题。例如，如果十字路口某个方向的车流量变大，这个方向的绿灯会立刻延长时间，同时缩短其他几个方向的绿灯时间，等这个方向的车流减少了，再自动重新规划时长，始终保证红绿灯时间与车流量的合理匹配。

2017 年，杭州城市大脑交出了用数据资源治理城市第一年的答卷。城市大脑已经接管了 128 个路口的信号灯，某试点区域的通行时间减少了 15.3%，120 救护车到达现场时间缩短了一半。在主城区，城市大脑日均处理事件报警 500 次以上，准确率达 92%，大大提高了执法指向性。此外，杭州市交警支队在主城区通过城市大脑进行红绿灯调优，并即时提供出警决策。除交通领域外，城市大脑还深入医疗、平安、城管、旅游、环保等行业系统，惠及人们日常生活的方方面面[③]。

3.2 边缘计算：万物互联时代的新计算平台

随着物联网、人工智能和智能数据处理技术的普及，我们正在迈入一个万物互联（Internet of Everything）的时代。思科互联网业务解决方案事业部（Cisco IBSG）曾预测，到 2020 年将有 500 亿台设备接入互联网，这个数字是2015年的2倍，届时全球人均拥有的连接设备数量将达到6.58台，如图 3.3 所示。

③ 人民日报 2017 年 11 月 9 日：《“城市大脑”让数据资源比土地更珍贵》

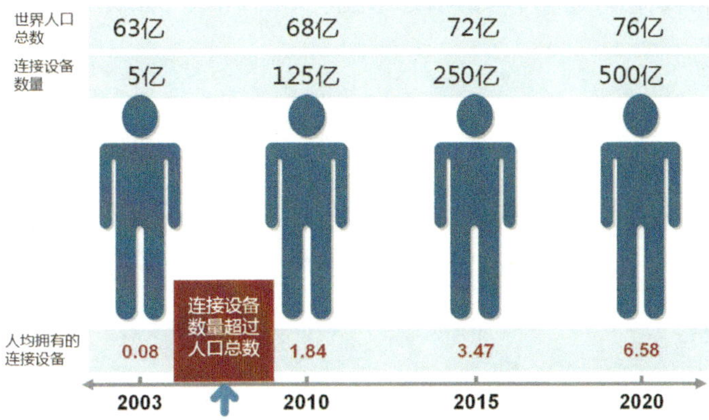

图 3.3 到 2020 年，全球互联设备将达到 500 亿台

（*来源*：Cisco "The Internet of Things – How the Next Evolution of the Internet Is Changing Everything"）

随着连接设备数量的爆炸式增长，再加上安全与隐私保护、低时延和带宽限制的需求需要满足，由终端感知、采集，云端计算再返回结果的模式变得应接不暇，因此，边缘计算作为新兴万物互联应用的支撑平台成为大势所趋，如图 3.4 所示。

欧洲电信标准组织（European Telecommunications Standards Institute，ETSI）对边缘计算的定义是："指在靠近人、物或数据源头的网络边缘侧，通过融合网络、计算、存储、应用等核心能力的开放平台，就近提供边缘智能服务，来满足行业数字化在敏捷连接、实时业务、数据优化、应用智能、安全与隐私保护等方面的关键需求。"

在边缘计算中，数据的处理和分析发生在数据源头（或接近数据源头），而无须将原始数据直接发送到公有云或私有云再执行操作。为了实现这一点，边缘计算需要将公有云的一些核心构建模块（包括计算、网络和存储）部署到离数据源更近的位置。边缘计算适用于对时延敏感、实时性要求比较高的场景，如自动驾驶、VR/AR、物联网设备、游戏、安全等。

图 3.4　边缘计算是物理世界和数字世界之间的桥梁

（来源：《边缘计算与云计算协同白皮书（2018 年）》）

边缘计算是云计算的延伸，它与云计算各有所长。云计算擅长全局性、非实时、长周期的大数据处理与分析，边缘计算擅长现场级、实时和短周期的智能分析等。边缘计算的本质是开放的分布式平台，通过开放的平台提供智能控制、智能计算、智能连接等服务。表 3.2 对比了公有云和边缘服务器的优势。

表3.2　公有云和边缘服务器各有优势

	公有云	边缘服务器
大数据分析	√	
数据整合	√	
长期数据存储	√	
实时处理需求		√
网络限制（连通性和带宽）		√

3.2.1 边缘计算、5G 及典型应用

5G 时代已经到来。2019 年 6 月 6 日，工信部向中国电信、中国移动、中国联通、中国广电发放 5G 商用牌照，这意味着我国正式步入 5G 商用时代。

随着牌照的下发，5G 将从试验转向试商用阶段，届时将会有至少百亿级的终端和物体位于网络边缘。5G 具有低时延、高带宽、高容量的特点，其普及之后将解决通信领域目前遇到的很多问题。5G 带来的惊人的速度、大规模的连接、超低的时延、爆炸式增长的数据等将很快融入生产和生活的方方面面。

虽然 5G 解决了通信方面的很多问题，但是水涨船高，随着数据量的增大，应用对安全等的要求也迅速提高。由于 IoT（物联网）节点比较弱，很多人还是愿意把处理放到 IoT 节点之外去执行，比如云上，但是 IoT 本身直接上云又存在很多问题，需要边缘计算来解决。

可见，5G 与边缘计算是相辅相成的：边缘计算赋能 5G，5G 通过实时控制提升云计算和边缘协作。边缘计算提供了一种在本地处理、过滤甚至保护数据的方法，反过来又可以在增强 5G 网络的价值方面发挥关键作用。

以自动驾驶汽车为例。自动驾驶汽车的边缘计算平台需要处理车辆的实时操作，但有些决策需要外围的、基于云的信息。例如，汽车的边缘部件负责导航汽车安全地通过十字路口并避免发生交通事故。与此同时，导航决策和路径规划很可能来自云。通过改进边缘和云之间的通信，5G 将为无数物联网创新奠定基础。

自动驾驶汽车

虽然完全自动驾驶仍遥遥无期，但科技企业和汽车企业已在这项技术上投入了数十亿美元，部分企业 L4 级以内级别的自动驾驶车辆已进入测试阶段。为了安全行驶，汽车需要收集和分析与其周围环境、方向、天气状况等有关的数据，还要与路上的其他车辆进行通信。如此多的车辆同时收集和传输数据，如果服务商不采用新的计算解决方案，带宽压力将是不可想象的。

通过车载边缘服务器进行实时处理对自动驾驶汽车的安全至关重要，无论是对乘客还是行人都是如此。自动驾驶汽车无法承受访问公有云所需的时延，因为任何反应速度时延都可能造成灾难性的后果。比如，目前的公有云 IaaS 系统最快的响应时间为 63ms，这对需要实时操作决策的自动驾驶汽车来说，很可能造成车毁人亡的事故。相比之下，边缘计算由于距离数据源头近，无须先回传云上进行计算再下发指令，具有分布式、低时延、效率高的特点。边缘计算架构使自动驾驶汽车能够实时收集、处理和共享车辆之间的数据，并将数据传输到更广泛的网络，几乎没有时延。边缘计算平台通过为边缘网络提供计算和存储能力，提高了自动驾驶汽车的安全性。因此，边缘计算将是自动驾驶汽车所需的一项关键能力。

VR/AR

增强现实（AR）和虚拟现实（VR）已经有了很多实际应用。增强现实是将数字元素覆盖在真实环境之上，用户通过眼镜和耳机等可穿戴设备或智能手机来体验增强现实的效果。比如，微软在不久前发布了一款“AR

隔空办公”产品，用户只需要通过软件和设备，就能建立一个虚拟的 AR“房间”，戴上 AR 眼镜，便可以开始隔空办公了。隔空双方还可以通过 AR 进行交流、互动，进行隔空会议、现场创作等。虚拟现实则是利用计算机模拟产生一个三维空间的虚拟世界，提供视觉、听觉、触觉等感官的模拟，让使用者有身临其境的感觉。

增强现实和虚拟现实用户需要大量的处理能力，要求设备能够将数据进行可视化处理并实时合并所呈现的可视化元素。另外，用户对时延非常敏感，只有设备将时延减少到 20ms 之内，才能大幅减少用户的晕动症。如果没有边缘计算，这些可视化数据需要返回到集中的云服务器，在将其发送回设备之前再添加数字元素。这种安排不可避免地会导致严重的时延。考虑到当前可用的网络功能，VR/AR 还无法利用公有云。而边缘计算允许物联网设备即时合成 AR 显示，允许用户在任何地方体验新的 AR 细节，而无须考虑加载时间，因此，边缘计算体系结构对以最小时延提供服务至关重要。

医疗设备

边缘计算的另一个实际应用是健康监测器等可穿戴设备。这些设备用于在远程医疗中跟踪慢性病人的病情发展，以便在病人的病情恶化时及时被医生发现并救助。例如，能够独立分析健康数据的心率监视器可以在病人需要时即时向护理人员发出警报，边缘计算使其响应速度大大提高。

机器人辅助手术是医疗领域边缘计算的另一个应用，其中，每一纳秒都可能意味着生与死的区别。这些机器人必须能够自己分析数据，以便在手术中提供安全、快速和准确的帮助，因而非常适合采用边缘计算。

3.2.2 边缘计算产品

2018 年，谷歌公司推出了两款边缘计算产品：一款新的芯片 Edge TPU（张量处理单元，Tensor Processing Unit，见图 3.5）以及一款将谷歌云强大的 AI 功能扩展到网关和连接设备的软件栈（Cloud IoT Edge）。Edge TPU 是专门为在边缘进行推理而打造的 ASIC 芯片，可以在边缘部署高精度 AI。具体来说，用户首先在云上构建和训练机器学习模型，然后通过 Edge TPU 硬件加速器在软件栈设备上运行这些模型。

图 3.5 Edge TPU 开发套件：包含一个模块上系统（SoM）和一个载板

Edge TPU 的设计旨在作为谷歌云 TPU 的补充，用户可以在云端加速机器学习模型的训练，然后在边缘进行快速的机器学习推理。这时候，传感器不只具备数据采集的功能，还能够做出本地的、实时的、智能的决策。

在国内，阿里云在 2018 年宣布战略投入边缘计算技术领域，并发布首款物联网边缘计算产品 Link Edge（见图 3.6），其核心理念是将计算扩展至边缘，在离设备最近的位置执行。此外，Link Edge 还支持多种主流系统，包括 Linux、Windows、Raspberry Pi 等。

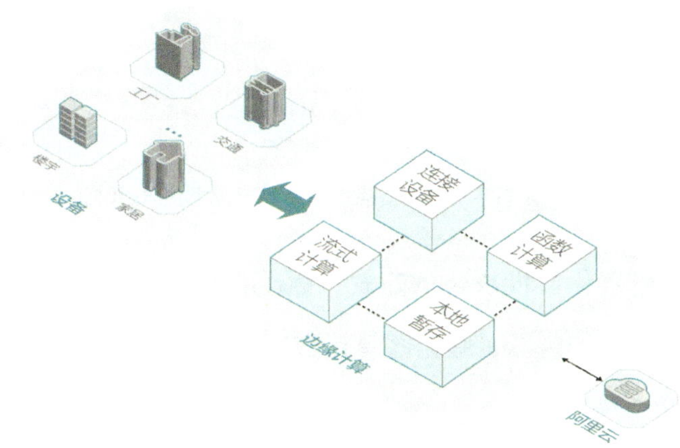

图 3.6　阿里云物联网边缘计算产品 Link Edge 的架构

物联网边缘计算可以应用在智慧小区、智慧工业、智慧能源等场景。以智慧小区为例，安装在室内外的边缘设备负责收集数据，再根据场景的需求来定制自动化小区。在这样的智慧小区中，业主步行或驾车回到小区，小区门口、楼宇单元门的人脸识别系统及车牌识别系统会自动进行安全识别并放行，电梯自动到达一层等候。

2019 年 1 月在美国举办的国际消费类电子展览会（International Consumer Electronics Show，CES）上，百度智能云也发布了一款智能边缘计算产品 BIE（Baidu Intelligent Edge）（见图 3.7），以及智能边缘计算的开源版本 OpenEdge。BIE 可以让边缘端设备拥有一定的自主决策能力，从而提高作业的执行效率，降低成本。

图 3.7　百度智能边缘计算产品 BIE 的架构

BIE 以容器化、模块化的方式，赋能无处不在的边缘计算节点，让本地设备、网关、控制器、服务器具备数据通信、本地计算及 AI 推断、云端配置同步等能力。

3.2.3　云、边、端三位一体，全局计算加速智能产业落地

万物互联将带来大量的计算，仅有端或仅有云都很难满足需求，因为端和云是有分工的。端侧非常适合解决个体的问题，需要实时处理信息；云侧解决的则是更大的问题，需要进行复杂的计算。而在数据隐私、应用环境和商业化这三方面的推动下，云和端之间的边缘计算应运而生。作为中枢，云有必要把各个端上经过计算的数据汇集到云端，因为在每一个边缘点上看到的可能只是一个片段，汇集到一起以后，通过全局计算才能分析出相应的全貌。5G 打通了云和边缘，使云和边缘之间的同步变得更加简单，让云、边、端三位一体成为可能。

想要成为人工智能的领跑者，产业落地是关键。随着边缘计算的不断发展，云、边、端逐渐趋于“融合”，三位一体全局式的计算模式必将加速

智能产业的落地。

3.3 AI 芯片群雄逐鹿，抓住 AI 历史机遇

凡是主要用来支撑人工智能应用计算的芯片都可以叫作 AI 芯片。从这个角度来看，在我们的生活中 AI 芯片已经无处不在，因为人工智能的应用已经无处不在，从人脸识别、智能助理、图像处理到自动驾驶等，只要有这些应用，就必然产生对智能计算的需求，无论是在云端、边缘还是终端。

3.3.1 AI 芯片的主要类别

具体地说，AI 芯片是为加速人工智能应用，特别是为人工神经网络、计算机视觉和机器学习而设计的一类芯片，主要包括 GPU、FPGA、ASIC 以及类脑芯片。在人工智能时代，它们发挥各自优势，呈现出百花齐放的局面，下面我们对三种已有相对成熟技术路线的芯片稍作介绍。

GPU

图形处理器（Graphics Processing Unit，GPU）最初是图像处理领域的专用硬件。由于神经网络和图像处理的数学基础相似，也涉及大量并行任务，因此，GPU 越来越多地被用于机器学习任务。随着 GPU 在人工智能领域的应用日益广泛，GPU 厂商纷纷将神经网络专用硬件引入其中，进一步加速这些任务的执行。

FPGA

现场可编程门阵列（Field-Programmable Gate Array，FPGA）

是一类更灵活的芯片。FPGA 可以在生产后重新编程，以满足应用程序或功能所需。FPGA 的可编程特性也将其与专用集成电路（Application Specific Integrated Circuit，ASIC）区分开来，ASIC 是专为特定的设计任务定制的。

在深度学习框架不断发展演进的背景下，定制硬件的设计往往缺乏灵活性。FPGA 等可重新配置设备的出现，使硬件、框架和软件更容易一起发展。FPGA 主要应用于机器学习推理、视频算法以及许多小体积专业应用。微软公司已经开始使用 FPGA 芯片来加速人工智能推理。

ASIC

虽然 GPU 和 FPGA 在与人工智能相关的任务中比 CPU（中央处理器）执行得更好，但它们在面积、速度方面的优化程度仍不如完全定制的集成电路。使用 ASIC 则可以获得数倍甚至数十倍的效率提升，而且一旦量产后，ASIC 的成本也会远低于 FPGA。

接下来介绍的 AI 芯片，主要是针对 AI 算法进行优化的 ASIC，如谷歌的 TPU，它是谷歌专为人工智能开发的一款 ASIC。TPU 是为谷歌 TensorFlow 等机器学习应用打造的，能够大幅降低功耗，提高运算速度，在相同时间内能够处理更复杂、更强大的机器学习模型并更快将其投入使用。

3.3.2 国产 AI 芯片从 0 到 1 的颠覆式爆发机会

作为芯片的主要消费国，中国对芯片需求的增长带动了整个行业的发展。然而，国产芯片只能满足自身需求的 30% 左右。随着宏观经济形势的转变和人工智能价值的不断增长，中国政府和领先的科技企业已经意识到，增加国内半导体的自给量是未来的一个重要任务，开始大力投资芯片制造设施和人才，以求实现半导体行业的独立。德勤全球预测，2019 年，中国制造的芯片收入将在 2018 年 850 亿美元的基础上增长 25%，达到 1100 亿美元左右，以满足国内对芯片日益增长的需求，这在一定程度上是由人工智能的日益商业化推动的。

人工智能时代，中国 AI 芯片企业开始迅速崛起，华为、阿里巴巴、寒武纪、地平线等国内领先的芯片设计企业，纷纷推出自主研制的 AI 芯片，并开始逐步落地，国产 AI 芯片有望实现从 0 到 1 的突破。

华为：第二代 AI 芯片海思麒麟 980、计算能力最强 AI 处理器昇腾 910

在 2018 年柏林国际消费电子展（Internationale Funkausstellung Berlin，IFA）上，华为面向全球发布了新一代顶级人工智能手机芯片——麒麟 980。作为新一代顶级人工智能手机芯片，麒麟 980 在工艺制程、运算性能等各方面都有了突破性的进步。麒麟 980 是全球首款采用 7nm 工艺制程的手机芯片，成功在指甲盖大小的芯片上塞进了 69 亿个晶体管，实现了性能与能效的全面提升。

2019 年 8 月 23 日，华为正式量产商用计算能力最强的 AI 处理器昇腾 910（Ascend 910），它属于 Ascend-max 系列。实际测试结果表明，在计算能力方面，昇腾 910 完全达到了设计规格，即半精度（FP16）计算能力达到 256 Tera-FLOPS，整数精度（INT8）计算能力达到 512 Tera-OPS；而达到规格计算能力所需功耗仅 310W，明显低于设计规格的 350W。

阿里巴巴：平头哥首款芯片玄铁 910

2018 年 9 月，阿里巴巴成立平头哥半导体有限公司，将此前收购的中天微系统有限公司和达摩院自研芯片业务整合成一家芯片公司，推进云端一体化的芯片布局。中天微是我国一家自主嵌入式 CPU IP 核公司。基于中天微 CPU IP 核的 SoC 芯片累计出货量已突破 8 亿块。而在平头哥半导体有限公司成立前，达摩院宣布正研发一款神经网络芯片——Ali-NPU，该芯片将用于图像视频分析、机器学习等 AI 计算。

2019 年 7 月 25 日，阿里巴巴旗下半导体公司平头哥正式发布玄铁 910（XuanTie 910），它是目前性能最强的 RISC-V 处理器之一。玄铁 910 可以用于设计制造高性能端上芯片，应用于 5G、人工智能以及自动驾驶等领域。"玄铁"之名取自金庸小说中的第一神剑，玄铁 910 是 CPU 的 IP 核，是芯片的关键内核驱动力所在。玄铁 910 支持 16 核，单核性能达到 7.1 Coremark/MHz，主频达到 2.5GHz，比此前最好的 RISC-V 处理器性能高 40% 以上。

寒武纪：最新一代云端 AI 芯片 MLU100 问世

寒武纪在 2018 年发布了第三代 IP 产品 Cambricon 1M，以及最新一代云端 AI 芯片 MLU100 和板卡产品。MLU100 采用寒武纪最新的 MLUv01 架构和台积电 16nm 的先进工艺制程，平衡模式下的等效理论峰值速度可达每秒 128 万亿次定点运算，高性能模式下的等效理论峰值速度更可达每秒 166.4 万亿次定点运算。

地平线：新一代自动驾驶处理器征程 2.0 架构

2017 年年底，地平线发布了两款 AI 处理器：征程（Journey）和旭日（Sunrise），它们都属于嵌入式人工智能视觉芯片，分别面向自动驾驶和智能摄像头。这两款芯片的性能可达到 1TOPS（Tera-Operations per Second，每秒执行 10^{12} 次操作），可实时处理 1080P 分辨率下每秒 30 帧的视频，每帧可同时对 200 个目标进行检测、跟踪、识别，典型功耗却只有 1.5W。

2018 年，地平线发布了新一代自动驾驶处理器征程 2.0，以及基于征程 2.0 处理器架构的高级别自动驾驶计算平台 Matrix 1.0。Matrix 1.0 最大化嵌入式 AI 计算性能，是面向 L3 级 /L4 级自动驾驶的解决方案。

依图科技：云端 AI 芯片“求索”

2019 年 5 月，依图科技推出云端 AI 芯片——求索（questcore）。求索是依图科技推出的第一款云端深度学习推理定制化 SoC 芯片，专为计算机视觉领域分析任务打造，可以针对视觉领域的不同运算进行加速，适用于人脸识别、车辆检测等多个应用场景。

以上仅介绍了我国近年来一些突出的芯片企业和产品。当前，AI 芯片产业尚处于起步阶段，各国都在这一领域展开竞争。国内芯片产业经过多年历练，已经稳步提升了芯片生产能力。但中国在芯片工艺制程方面仍然是落后的。芯片制造需要大量的资本投资，因为制造非常小的电路需要非常庞大的工业流程。国内最先进的芯片制造商（如中芯国际）仍在努力发展 14nm 工艺制程，而英特尔、AMD 等企业的 7nm 工艺制程已经能够量产，并开始展开 5nm 工艺制程试产了。按照这个标准，目前中国芯片产业落后于全球领先企业两到三代。

为了加快国产芯片的发展，国家加大了对集成电路产业的支持力度，仅国家和地方等政策性资金就已经超过了 5000 亿元，再加上对产业资本和金融资本的带动，未来十年投向集成电路产业的资金预计将达到万亿级别。此外，为支持集成电路设计和软件产业发展，2019 年 5 月 17 日，财政部、国家税务总局正式发布公告，给予集成电路设计和软件产业企业所得税优惠：

依法成立且符合条件的集成电路设计企业和软件企业，在 2018 年 12 月 31 日前自获利年度起计算优惠期，第一年至第二年免征企业所得税，第三年至第五年按照 25% 的法定税率减半征收企业所得税，并享受至期满为止。

在市场和政策的双重刺激下，国产 AI 芯片绝非没有从 0 到 1 的机会。谷歌在 2011 年决定研发 TPU，到今天看到了效果：不仅 AlphaGo 在围棋比赛中大放异彩，更重要的是做成了一项 AI 服务，商业潜力巨大。这也折射出一个新的趋势：深刻理解人工智能的软件将提升处理器架构的研发效率，针对应用型场景的 AI 芯片将可能是中国未来发展的巨大机会。随着人工智能和支撑人工智能的专用芯片的发展，中国芯片制造商有机会抓住人工智能发展的历史机遇。

3.4 大国重器：中国的超级计算机

超级计算机是功能最强、运算速度最快、存储容量最大的一类计算机，多用于高科技领域和尖端技术研究，被誉为计算机中的“珠穆朗玛峰”。超级计算也被认为是一个国家科研实力的体现，对国家安全、经济和社会发展具有举足轻重的意义，也是体现一个国家科技竞争力和综合国力的重要标志。

简单来说，超级计算机就是运算速度超级快（高性能计算）的计算机。

究竟有多快呢？现有的超级计算机运算速度大都可以达到每秒一万亿次以上，能够执行一般个人计算机无法处理的大资料量和高速运算。超级计算机的基本组件与个人计算机的概念相比并没有太大差异，但规格和性能都要比个人计算机强大许多。

超级计算机凭借强大的计算能力，能够在短时间内处理海量数据，为人工智能的快速研发和高效运转提供底层技术支持。例如，国内一家互联网医疗企业采用超级计算平台作为其 AI 诊疗服务的计算设施，其 AI 技术团队的研发效率提升了一倍，之前的系统需要消耗数周计算资源才能完成的，人工智能模型在超级计算平台上几天就可以完成训练。对医疗 AI 来说，依靠超级计算平台强大的计算能力不断训练优化模型，有助于得出更精准的分析结果。

超级计算机的速度以每秒浮点运算次数“FLOPS”（Floating-Point Operations per Second）作为度量单位，常用于表示计算机中的峰值或速度单位介绍如下：

- 一个 MFLOPS（megaFLOPS）代表每秒执行 100 万（$=10^6$）次的浮点运算；
- 一个 GFLOPS（gigaFLOPS）代表每秒执行 10 亿（$=10^9$）次的浮点运算；
- 一个 TFLOPS（teraFLOPS）代表每秒执行 1 万亿（$=10^{12}$）次的浮点运算；
- 一个 PFLOPS（petaFLOPS）代表每秒执行 1000 万亿（$=10^{15}$）次的浮点运算；
- 一个 EFLOPS（exaFLOPS）代表每秒执行 100 亿亿（$=10^{18}$）次的浮点运算。

从技术角度看，CPU 是一台计算机的心脏。传统计算机一般只有一块 CPU，最多有 8 个物理核心。而超级计算机的“心脏”要庞大得多，不仅有成千上万块 CPU，每块 CPU 还有几十至几百个物理核心。这么大数量的 CPU 的设计旨在实现高性能、高可靠性和低功耗，通过并行计算来完成繁重的计算任务。当然，CPU 只是超级计算机整体的一部分，使用超高速互连技术连接所有的 CPU，并在它们之间进行数据传输的技术也同样重要。

超级计算机常用于需要大量计算的工作，如天气预测、气候研究、模拟核试验、天体物理模拟、破解加密编码、新药发现、新材料研究等。设立于 1987 年的戈登 · 贝尔奖被称为“高性能计算领域的诺贝尔奖”，是国际高性能计算应用领域的最高学术奖项，该奖项一直被美国和日本垄断近 30 年。但在 2016 年，中国研究团队凭借在超级计算机“神威 · 太湖之光”上运行的“全球大气非静力云分辨模拟”应用一举摘得戈登 · 贝尔奖，实现了我国高性能计算应用成果在该奖项上零的突破[④]。

超算应用水平是一个国家超算软实力的象征。拿下戈登 · 贝尔奖表明我国超级计算应用软件研制水平和应用水平已得到显著提升。2017 年，我国超算应用再次蝉联戈登·贝尔奖，获奖的是基于我国超级计算机“神威·太湖之光”的应用“非线性地震模拟”。

3.4.1 国之重器——中国拥有全世界最多的超级计算机

世界超级计算机 500 强榜单自 1993 年 6 月开始公布以来，每 6 个月更新一次排名，成为各大国竞相追逐的“阵地”之一。自 2000 年以来排名

④ 中国科学报 2016 年 11 月 21 日：《中国超算应用首摘“戈登 · 贝尔”奖》

第一的超级计算机信息如表 3.3 所示。

表3.3 自2000年以来排名第一的超级计算机

公司	名称	国家	时间
IBM	顶点	美国	2018.6 ~
国家并行计算机工程技术研究中心	神威·太湖之光	中国	2016.6 ~ 2018.6
国防科技大学	天河二号	中国	2013.6 ~ 2016.6
克雷公司（Cray）	泰坦（超级计算机）	美国	2012.11 ~ 2013.6
IBM	蓝色基因 /Q	美国	2012.6 ~ 2012.11
理化学研究所（RIKEN）	京（超级计算机）	日本	2011.6 ~ 2012.6
国防科技大学	天河一号	中国	2010.11 ~ 2011.6
克雷公司（Cray）	美洲虎（超级计算机）	美国	2009.11 ~ 2010.11
IBM	走鹃（超级计算机）	美国	2008.6 ~ 2009.11
IBM	蓝色基因 /L	美国	2004.11 ~ 2008.6
日本电气（NEC）	地球模拟器	日本	2002.6 ~ 2004.11
IBM	ASCI White	美国	2000.11 ~ 2002.6

来源：维基百科

2006 年，我国颁布《国家中长期科学和技术发展规划纲要（2006—2020 年）》，明确提出要掌握千万亿次高效能计算机研制的关键技术，并将“高效能计算机及网格服务环境”列为“十一五”期间“863”重大课题。

面对超算发展新趋势，2016 年，科技部结合“十三五”发展规划，通过国家重点研发计划支持，开始分两期启动我国 E 级计算机研制计划。第一期主要为“E 级计算机关键技术”研究，安排了 3 个 E 级原型机的研制，第二期为具体研制 E 级计算机。

国家在超级计算领域的大力投入收获了成果。从部署在国家超级计算天津中心的“天河一号”起步，我国的超级计算机开始问鼎世界桂冠。一路走来，先后有“天河二号”和“神威 · 太湖之光”等传承和发展。凭借“天河二号”和“神威 · 太湖之光”，分别 6 次和 4 次拿到超算 Top 500 冠军。截至 2018 年 6 月，美国凭借“顶点（Summit）”，时隔多年后重回榜首。而就在榜单发布不久，新华社消息称，我国自主研发的新一代百亿亿次超级计算机——“天河三号”E 级原型机已完成研制部署，并预计于 2020 年研制成功⑤！

目前，我国是全球拥有最多超级计算系统的国家（截至 2018 年 11 月，全球超算系统数量 Top 10 国家见图 3.8）。根据 2019 年 6 月召开的 2019 国际超算大会（ISC 2019）上披露的数字，我国进入全球超算 Top 500 榜单的超级计算机数量达到 219 台，占比 43.8%，但性能占比只有 30%，而且此次榜单的 Top 100 里，共有 9 套部署在中国地区的超算系统入围。中国超算取得的成绩虽然备受瞩目，但是仍有进步空间。

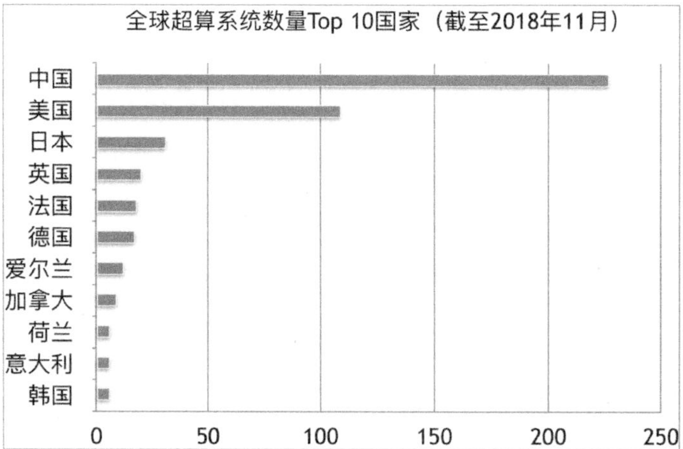

⑤ 新华社 2018 年 7 月 26 日：《国产百亿亿次超算技术实现新突破 “天河三号” E 级原型机完成研制部署》

图 3.8 全球超算系统数量 Top 10 国家
（来源：根据超算 Top 500 榜单整理，截至 2018 年 11 月）

截至 2019 年，科技部批准建立的国家超级计算中心共有 7 家，分别是国家超级计算天津中心、国家超级计算广州中心、国家超级计算深圳中心、国家超级计算长沙中心、国家超级计算济南中心、国家超级计算无锡中心和国家超级计算郑州中心。这些中心在生物医药、海洋科学、油气勘探、气候气象、金融分析、信息安全、工业设计、智慧城市等领域提供计算和技术支持服务，为我国科技创新和经济发展提供平台支撑。

蝉联世界第一的中国超级计算机——“神威 · 太湖之光”

截至 2019 年 6 月，世界上运算速度最快的超级计算机是美国能源部所属的橡树岭国家实验室开发建造的“顶点”超级计算机，它的峰值运算性能为 200PFLOPS，即每秒执行 20 亿亿次浮点运算。而在“顶点”之前蝉联世界第一的中国超级计算机“神威 · 太湖之光”的峰值运算性能为 125PFLOPS，持续性能为 93.9PFLOPS。

93.9PFLOPS 意味着什么呢？对此，国家超级计算无锡中心主任杨广文做了一个形象的比较：“简单来说，这套系统 1 分钟的计算能力，相当于全球 72 亿人同时用计算器不间断计算 32 年；“神威 · 太湖之光”共有 40960 块处理器，每块处理器相当于 20 多台常用笔记本电脑的计算能力，4 万多块组装到一起，速度之快可想而知[⑥]。

尤为重要的是，“神威 · 太湖之光”（见图 3.9）的核心技术是我国完全自主可控的，这是国家在 2014 年立项时做出的明确要求，并于当年年底完成了

⑥ 《人民日报海外版》2016 年 6 月 28 日：《“神威 · 太湖之光”神在何处》

原型机的测试，在 2015 年年底完成了“神威·太湖之光”系统的研制与组装。“神威·太湖之光”采用自主研发的“申威”CPU，为我国自主核心技术。整套系统一共包含 40 960 块 260 核心的“申威 26010”CPU，以及专门开发的全新众核架构，其软件基础则建立在一套特别版本的 Linux 之上。

图 3.9 “神威·太湖之光”（官伟 / 视觉中国）

中国率先迈入百亿亿次超算时代——“天河三号”E 级原型机研制成功

据新华社 2018 年 7 月 27 日报道，我国自主研发的新一代百亿亿次超级计算机——“天河三号”E 级原型机已经在国家超级计算天津中心完成研制部署，并顺利通过分项验收。该原型机系统采用了三种国产自主高性能计算和通信芯片。在此基础上，“天河三号”超级计算机预计于 2020 年研制成功。

百亿亿次超级计算机也就是 E 级超级计算机。当前，有关新一代百亿亿次超级计算机的研制计划是国际上尖端信息技术创新和竞争的制高点。美国和日本均已提出 E 级超级计算机的研制计划，都拟在 2020 年或之后完成研制。

相比上一代超级计算机，“天河三号”是划时代的先进技术作品。它实现了丰富的技术创新，这在原型机上就已经得到淋漓尽致的体现。

“几十年的积累和不断的技术创新，在‘天河’超级计算机核心关键技术上实现了整体自主可控。”国家超级计算天津中心主任刘光明说，在“天河三号 E 级原型机系统”项目实施中，团队自主设计了三款芯片：“迈创”众核处理器（Matrix 2000+）、高速互连控制器和互连接口控制器；设计了四类计算、存储和服务节点以及十余种印制电路板，设计和实现了新型的计算处理、高速互连、并行存储、服务处理、监控诊断、基础架构等硬件分系统，以及系统操作、并行开发、应用支撑和综合管理等软件分系统。

在原型机上取得关键技术的突破，支撑了“天河三号”百亿亿次整机系统研制全面计算、访存、通信性能平衡的设计方案。未来，“天河三号”将对已经设计生产的计算、互连通信核心芯片再进行全面升级，进一步完善可支持艾字节（EB）级海量数据存储的层次式存储系统，优化适用高性能计算和高效大数据处理的柔性体系结构。预计在 2020 年左右，我国将打造出全自主的具有国际领先水平的新一代“天河三号”E 级超级计算机。届时，其运算能力将比“天河一号”提高 200 倍，实现质的飞跃[⑦]。

3.4.2　超级计算机走进中国人的生活

超级计算机看起来遥不可及，其实已经通过与人们生活息息相关的一些行业应用，走进了千家万户，为人们日常生活的衣食住行保驾护航。

例如，最常见的天气预测就离不开超算。中国科学院院士、中国科学院大气物理研究所研究员曾庆存说，预测未来一个月的天气、一年甚至数

⑦ 新华社 2018 年 7 月 26 日：《国产百亿亿次超算技术实现新突破“天河三号”E 级原型机完成研制部署》

十年的气候，关系到国民经济建设的方方面面，如夏季洪涝、冬季雾霾、农业规划、能源布局等，在全球变暖的大背景下，气象预测愈显重要。但是，预测天气和气候却是世界上最复杂的问题之一。

气象预测对高性能计算的要求非常高，比如中国气象局最近一次提出的计算需求是：高性能计算系统峰值运算速度要不低于每秒 8000 万亿次，每 1 个 CPU 核至少对应 6GB 内存，在线存储容量要大于 12.6PB，全系统可用度超过 99%，等等。2019 年 4 月，我国国产模式、数据“三合一”的气象高性能计算机系统“派 - 曙光”正式上岗，来自我国“风云”系列国产气象卫星的数据，即全面应用到这台国产高性能计算机系统所支持的业务和科研作业中，试运行期间已经参与到“玛丽亚”“安比”“山竹”等台风的预报重任中[⑧]。

再比如“行”的方面，未来，普通人花更少的钱就能买到高性能的国产汽车。这是因为，在汽车研发领域，开始利用超级计算机进行大规模仿真计算，让整个汽车产业的研发成本减少了上千万元。例如，汽车研发中的碰撞测试是十分重要的，也是成本十分高昂的环节，仅一次测试中使用的假人身价就高达数百万元。而虚拟仿真可以借助超级计算机的强大计算能力，将真实世界中汽车碰撞测试的整个复杂的物理过程在计算机上复现出来，通过计算机的操作计算代替实际碰撞。实际碰撞试验的结果和仿真计算的计算结果高度一致，超级计算机仿真的精度可以达到 90% 甚至更高。此外，仿真计算还让新车设计的时间大大缩短，车体结构优化大幅度提升。超算让汽车变得质优价廉，让人们的出行更加舒适。

⑧ 中国青年报 2019 年 4 月 22 日：《国产“大脑”算的天气预报更准吗》

3.5　量子计算机：一种基于量子力学的全新设备

量子计算机是一种使用量子逻辑进行通用计算的设备。不同于电子计算机（或称传统计算机），量子计算机存储数据的对象是量子比特，使用量子算法来进行数据操作。顾名思义，量子力学研究微观粒子的运动规律，如电子、光子，而量子计算机则通过控制这些粒子的运动来实现运行，其运行方式与传统计算机截然不同。

量子计算机利用量子相干叠加原理，理论上具有强大的并行计算和模拟能力。曾有人打过一个比方：如果说传统计算机的速度相当于自行车，那么量子计算机就好比飞机。一台操纵 50 个微观粒子的量子计算机，对特定问题的处理能力就可超过目前的“神威·太湖之光”超级计算机。

前面说到，超级计算机是传统计算机的加强版，因为二者的基本组件和概念没有太大差异。但量子计算机却不只是传统计算机的加强版，就像电灯泡不是蜡烛的加强版一样，无论怎样改良，蜡烛也做不成电灯泡，因为二者采用的是完全不同的技术，底层的科学基础也完全不同。同样，基于量子力学的量子计算机也是一种全新的设备。

目前经典计算机的处理器的计算性能已经越来越远离摩尔定律，因为处理器中晶体管的数量无法再如摩尔定律的预测一般每两年翻一番，性能面临瓶颈。量子计算却有望给人工智能带来革命性的改变。量子比特的独特属性使量子计算机在处理一些运算的时候速度更快，理论上具有超快的并行计算和模拟能力。量子计算的核心优势是可以实现高速并行计算，这正符合人工智能计算的特性。当量子芯片的计算能力满足人工智能对运算能力的需求时，人工智能将不再依赖于大型服务器集群。

3.5.1 中国量子计算研究成果斐然

我国的量子计算研究力量正不断加强，不仅高等院校和研究机构在该领域贡献良多，如中国科学院量子信息重点实验室、清华大学量子信息中心等，而且各大科技企业也纷纷在布局量子计算。最近两年来，阿里巴巴、百度、腾讯、华为等都已经进军量子计算领域，组建实验室，并不断发表学术论文和实验成果。

中科大半导体量子芯片开发取得重要进展

2016 年 8 月，我国量子芯片开发取得重要进展。中科大郭光灿院士领导的中科院量子信息重点实验室郭国平研究组成功实现了量子相干特性好、操控速度快、可控性强的电控新型编码量子比特，成果发表在国际权威物理学杂志《物理评论快报》（*Physical Review Letters*）上。量子芯片相当于未来量子计算机的“大脑”，研制成功后可实现量子的逻辑运算和信息处理。

清华大学量子信息中心在超导系统中实现量子人工智能算法

2019 年 1 月，清华大学交叉信息研究院孙麓岩、邓东灵研究组与中科大邹长铃研究组合作，在超导系统中首次实现了量子生成对抗学习，展示了量子器件应用于人工智能领域中的可行性及巨大潜力。量子生成对抗网络（Quantum Generative Adversarial Network，QGAN）的基本原理与经典的生成对抗网络（GAN）几乎是一样的，区别在于 QGAN 的生成器和判别器是由量子器件或者量子网络构成，训练用的数据集也可以是量子数据（如量子态等）。孙麓岩研究组与合作者在超导系统中首次实现了

QGAN，展示了从量子数据集中学习有用模式的可行性。此实验为今后研究中等尺度量子器件在机器学习方面的量子优势做好铺垫，可能对量子人工智能领域的发展产生深远影响⑨。

阿里巴巴量子实验室宣布研制出全球最强量子电路模拟器“太章”

2018 年 5 月，阿里巴巴量子实验室施尧耘团队宣布成功研制出当时世界最强的量子电路模拟器，名为“太章”。“太章”是一个量子计算的经典模拟器，它借助阿里巴巴强大的分布式计算平台，成功模拟了一些作为基准的中等规模的量子电路。“太章”正在成为阿里巴巴基于张量的量子激发经典计算系统里的计算引擎，它将成为研发量子计算物理实现和应用的核心工具之一。

3.5.2 量子技术改变我们的工作生活

就像电灯给社会带来了翻天覆地的变革一样，量子技术在现实世界的应用也将在未来改变人们工作和生活的方方面面。

其中一个方面是，量子的不确定性可以用来创造私钥，将从一个地方发到另一个地方的信息加密。量子密钥分发可以利用量子力学特性来保证通信的安全性，使通信双方能够产生并分享一个随机的、安全的密钥，来加密和解密消息。目前全球银行和其他机构已经在测试这种无法破解的加密方法了，这将影响到世界金融和我们个人财务的安全。

量子技术也将改变医疗保健和医药行业。例如，在药物研发领域中，一个极具挑战性的难题是设计和分析分子，因为从计算角度来看要准确描

⑨ 清华新闻网 2019 年 1 月 29 日：《清华量子信息中心孙麓岩、邓东灵研究组合作在超导系统中实现量子人工智能算法》

述分子中所有原子的特性是极难的，甚至对超级计算机而言也不例外，但是量子计算机在这个问题上有独特优势。因此，在未来的药物研发中，大规模量子模拟或许将有助于研发新药物来治疗如阿尔茨海默症等影响成千上万人的疾病。

3.6 “智能+”：未来十年世界科技产业主发动机

3.6.1 “智能 +”接棒“互联网 +”，助力企业升级

“智能 +”一词在笔者创立新智元时就被提出，成为我们矢志不渝的愿景与目标，新智元的愿景在 2015 年 9 月创立时就是成为“智能 +”中国的生态服务平台。“智能 +”的概念 2017 年也在腾讯的一次峰会上被重点推出，当时腾讯的“云智天殊”平台被称为“智能 + 开发”平台。笔者和新智元也不遗余力地举办各种活动来推动“智能 +”在各行业落地（见图 3.10）。

图 3.10　笔者主持新智元举办的“智能 +”相关会议

“智能 +”和“互联网 +”一脉相承，“互联网 +”是把互联网技术应用到企业的生产经营以及销售的日常活动当中；而“智能 +”的目的则是在企业的日常经营活动中找到人工智能的切入点，帮助企业降低成本、增加效益、更好创新。

如 1.5 节所述，2019 年，“智能 +”首次出现在政府工作报告中。这是国家层面对人工智能定位和现实意义的一次概括，也是继“互联网 +”被写入政府工作报告之后，“智能 +”第一次出现在政府工作报告中。

“智能 +”是助力企业升级的好方法。一方面，设备的交互方式发生改变，今后可通过声控和远距离控制等方式让家电变得更易于操控；另一方面是产生联动性，以家电为例，以往每个家电都是独立的个体，“智能 +”之下会构成一个协同的整体和不同的圈层，有的圈层负责交互，有的圈层负责执行。这些设备之间产生联动、产生新体验的时候就会激起大家对这些智能设备的向往，也会对实体经济产生比较大的助力。

“智能 +”融合了智能应用、工业应用、人工智能、物联网、云终端、5G 等概念。“智能 +”接棒“互联网 +”，体现了基于数字革命的 AI 技术对社会生产的全新赋能。从宏观层面来看，“智能 +”成为赋能传统行业的新动力，AI 技术与传统行业深度融合，规模化产业落地的时机已然来临。从微观层面来看，借助物联网、大数据、云计算技术的丰富应用，智能医疗、智能交通、智能金融等“智能 +”应用会让我们拥有更加智能的万物互联的生活。因此，“智能 +”对未来十年的科技产业发展将起到发动机般的推动作用。

3.6.2 智能云、边缘计算和万物互联的新智能世界

2019 年 3 月 27 日，新智元 AI 技术峰会——智能云 · 芯世界在北京举办（见图 3.11）。来自英特尔、谷歌、阿里巴巴、腾讯、华为等全球人工智能企业以及清华大学、北京大学等高校专家聚焦迈入超异构时代的 AI 计算，芯片助力产业互联网实现变革、云端芯全场景智慧化以及 5G 与边缘 AI 在工业物联网的落地案例，探索中国芯、云的未来十年大势。

图 3.11 新智元 AI 技术峰会——智能云 · 芯世界

本节观点主要来自会上的“AI 技术领袖论坛”环节，笔者（见图 3.12）同阿里云数据智能总经理曾震宇，腾讯云副总裁王龙，华为消费者 BG 首席战略官邵洋，360 集团副总裁、人工智能研究院院长颜水成，三星电子中国研究院院长张代君等特邀嘉宾讨论的内容。

图 3.12 笔者在会上与专家进行访谈

AI 芯片和智能云将决定未来智能产业的发展趋势。这不仅是企业之间的竞争，也是国与国之间的竞争。

从产业竞争的角度来看，各国都在争夺人工智能领域的领先地位。微观层面是企业之间的竞争，核心还是要靠国家层面的竞争力。在中美 AI 竞争中，中国具有很多优势。首先，人口是 AI 产业的基础。中国的人口数量较大，互联网应用活跃度超过美国，人均用机时长、产生的数据量也都远超美国，这对 AI 学习速度、训练速度来说都是非常大的机遇。其次，数据是一个国家的关键资产，在国家层面进行闭环是非常自然的，中国和美国是最有机会形成闭环的国家，二者都有非常大的可学习资源来发展 AI。最后，中国有产业政策的优势，因为国家层面可以通过很多办法推动落后企业实现信息化和智能化，在移动互联网之外，还能够把这种强项渗透到更多的行业，在数据领域积累更多的优势。

云计算、边缘计算和 AI 芯片的竞争是一种良性的竞争。不仅在国内如此，在国际上也是如此，众多厂商在一起竞争，在同一个市场上发力，这也是一个巨大的机会。虽然中国的整个云产业收入比亚马逊云服务（AWS）低很多，但这只是云计算发展过程中的一个阶段，中国云计算的市场规模潜力会比美国大很多。中国现在的信息技术从业人员总数低于美国，一方面说明中国的信息技术与美国相比还有很大差距，另一方面也说明信息技术产业发展的天花板很高。在这个背景下，各厂商如何定位，如何提供更有效率、体验更好的产品，是企业能否发展到万亿美元市值的重要因素。

人工智能物联网（Artificial Intelligence & Internet of Things，AIoT）的使命是数字化物理世界，构建起万物互联的世界。在万物互联的时代，物理连接所需的底层计算能力——芯片的需求量非常庞大，市场潜力巨大，这也是企业研制 AI 芯片的原因。

未来，智能云、边缘计算和万物互联的新智能世界，将迎来云、边、端的万亿美元市场。伴随云、边、端和人工智能的不断发展，全球智联网将诞生，并将带来巨大的技术和市场机遇。超级计算机和量子计算机作为 AI 的革命性计算基础设施，提供了新的增强计算能力的思路，有望实现计算能力上的超越，提升 AI 研发和部署的效率，拓展应用场景。在政策支持和市场需求的双重利好之下，大力推进自主自研的中国，将有机会在云计算、边缘计算、AI 芯片等智能时代的核心技术上进行突围。

第四章

中国，人工智能的新天地

人工智能技术创新日益活跃，与实体经济深度融合，成为传统产业升级转型的催化剂，并不断赋能工业互联网、服务机器人、智慧园区、智慧城市等产业高质量发展。

“三百六十行，行行 AI +”，人工智能正在深刻地改变各行各业的面貌。在中国，人工智能赋能交通、安防、零售、家居、医疗、金融等，一个万物互联的智能社会面貌正在展现。智能终端、智能设备、智能化城市、智能化经济等社会经济各领域向智能化加速跃升。人工智能将在中国创造一个“智能 +”的新天地。

4.1　人工智能赋能现代交通，“AI + 驾驶”开创全新模式

4.1.1　无人驾驶清扫车，从上海迪士尼开到德国威廉港

午夜 12 点，上海迪士尼乐园在夜幕中渐入寂静，一辆绿色的小车沿着路边自顾自地行驶着，而车上竟然没有驾驶员。它遇到行人和其他车辆会自动停下，遇到障碍物也会自动绕行，车子带有四把圆形刷子，所到之处路面一片干净。

这是上海仙途智能科技有限公司研发的无人驾驶清扫车在执行日常清洁工作（见图 4.1），它可以在完全没有人工参与的情况下完成路面清扫、垃圾倾倒、自动泊车等工作。无人驾驶清扫车能够弥补夜间清扫人力的不足，一辆无人驾驶清扫车能够代替 10~20 名清洁工工作。相较传统清扫模式，无人驾驶清扫车使清扫车利用率较原先提升 2~3 倍，清扫效果上更是能实现误差不超过 5cm 的长距离精准贴边清扫。

图 4.1　无人驾驶清扫车

无人驾驶清扫车具有重要的社会意义，能够将环卫工人从严寒酷暑、风吹日晒或尘土飞扬的工作环境中解放出来，可以在很大程度上解决城市道路清洁环卫工作安全性差、工作时间长、劳动力缺乏等难题。无人驾驶清扫车也具有很大的商业价值。2019 年 5 月，仙途智能获得了上海市的第一张无人驾驶清扫车测试牌照，将在上海市超过 30 千米的城市道路开展无人驾驶清扫测试和作业。目前，仙途智能已经在全国多地投放无人驾驶清扫车，这个无人驾驶车队甚至走出国门，拿下了德国威廉港试运行无人驾驶清扫车的业务。

自动驾驶是人工智能技术集大成者，是当前人工智能最具挑战、最有吸引力的领域之一，在中国的人工智能商业落地中已有很多实现场景。无人驾驶清扫车的案例，就生动地展现了城市环卫与自动驾驶结合的社会与商业价值。

自动驾驶车辆通常有三大模块：环境感知模块、行为决策模块和运动控制模块。环境感知模块利用摄像头、激光雷达、毫米波雷达及工业级相机等获取周围环境信息，用 GPS 等获取车辆自身状态；行为决策模块用 AI 算法、计算机视觉技术等根据路网信息、交通环境信息和自身行驶状态来产生驾驶决策、规划行驶路径；运动控制模块根据规划的行驶路径和速度以及当前的位置、姿态和速度，产生对油门、刹车、方向盘和变速杆的控制命令。

近年来，自动驾驶技术不断取得突破，陆续有汽车企业推出新的无人车或获得自动驾驶道路测试牌照，L2 级甚至 L3 级[①]的自动驾驶系统已经在一些车企的量产车中使用，预计行业将在不久的将来迎来爆发式发展。人工智能技术和汽车的智能化升级结合得越来越紧密，人工智能的发展为汽车行业的变革带来了更具想象力的未来。

在中国，自动驾驶产业的爆发式发展始于 2016 年，北汽、上汽等传统汽车生产商纷纷推出智能化战略，联手腾讯、百度、华为等互联网企业加速自动驾驶研发，地平线、小马智行、仙途智能等大量初创企业也纷纷入场，自动驾驶产业呈现出欣欣向荣的面貌。全球管理咨询公司麦肯锡的研究报告预测，中国未来很有可能成为全球最大的自动驾驶市场。至 2030 年，中国的自动驾驶乘用车将达到约 800 万辆，到 2040 年，将达到约 1350 万辆。到 2030 年，中国自动驾驶相关的新车销售及出行服务创收将超过 5000 亿美元。报告认为，自动驾驶若能在中国落地生根，前景将十

---

① 目前，国际上通用的对自动驾驶车辆能力进行评价的分级标准是国际自动机工程师学会（SAE）制定的 J3016 自动驾驶分级标准，该标准将自动驾驶技术分为 L0 级～L5 级共 6 个等级。L0 级代表没有自动化技术的传统人类驾驶，L1 级～L5 级分别为辅助驾驶、部分自动驾驶、有条件的自动驾驶、高度自动驾驶和完全自动驾驶

分广阔。

此外，国家和地区层面的政策支持也是推动我国自动驾驶产业发展的关键力量。

国家层面，与自动驾驶相关的政策法规陆续发布。2018 年 4 月，工信部、公安部、交通运输部联合出台了《智能网联汽车道路测试管理规范（试行）》，首次从国家层面对规范自动驾驶道路测试做出了规定。2018 年 12 月，工信部制定发布了《车联网（智能网联汽车）产业发展行动计划》，有效促进了车联网产业的跨行业融合。

地区层面，2017 年以来，北京、上海、重庆、深圳、广州等地都先后出台了自动驾驶路测法规，并为一些车企发放了专用的路测牌照。以北京为例，北京市交通委在 2017 年 12 月 18 日正式印发《北京市关于加快推进自动驾驶车辆道路测试有关工作的指导意见（试行）》和《北京市自动驾驶车辆道路测试管理实施细则（试行）》两个文件，开创了中国自动驾驶法规落地和专用测试牌照发放的先河。北京自动驾驶测试试验用临时号牌共分为 T1 至 T5 五个级别，截至 2019 年 6 月，北京市已经向百度、北汽新能源、蔚来汽车、小马智行等 11 家企业发放了自动驾驶路测牌照，最高级别为 T3 级。获得 T3 牌照，也就意味着测试企业的自动驾驶汽车已经具有路况认知、交通法规遵守、路线执行、应急处置等多项综合能力。

自动驾驶正在改变汽车行业，也将改变我们的生活。下面，我们就从智能交通的三大场景——家用交通、公共交通以及物流交通出发，分析中国的自动驾驶行业面貌。

4.1.2 AI 武装的未来出行——自动驾驶比想象的来得更快

当很多人还在问“自动驾驶汽车离我们还有多远”的时候，L2 级辅助驾驶已经在部分车企的量产车上实现，自动驾驶比很多人想象的来得更快。

家用交通方面，目前大部分主流乘用车已经在一些量产车型装上 L1 级辅助驾驶系统，还有些企业率先在高端车型装上 L2 级自动驾驶系统，L3 级、L4 级则仍处在研发试验阶段。业内观点认为，2019 年上市的新车将普及 L2 级自动驾驶技术，2020 年则被定为 L3 级量产的元年。[②]

以上汽集团为例，作为国内首批研发 L2 级辅助驾驶的车企，上汽近年来致力于推动先进的辅助驾驶系统在国内车型上的应用。上汽于 2018 年成立人工智能实验室，聚焦于智慧出行、智能制造、自动驾驶，创建人工智能应用和解决方案。同样在 2018 年，上汽发布了荣威 MARVEL X（见图 4.2），这是一款搭载 AI Piolt 智能辅助驾驶系统的电动 SUV。

荣威 MARVEL X 的定位是真正解放驾驶员的手脚。该车搭载了 AI Piolt 智能辅助驾驶系统、AR（增强现实）导航、AI Cruise 全速段智能巡航、AI 自学习泊车等技术，从多个方面给予驾驶员以辅助。例如，上汽首创的 AI 自学习泊车辅助系统，实现了泊车时人可以不在车上的“黑科技”。专用的感知硬件配合 AI 芯片控制器与深度学习算法使车辆能够自主学习停车路线，驾驶员可以提前下车，车辆自动行驶寻找车位并精准停车入库。出行前，驾驶员只需用手机 App“召唤”，车辆便会自动行驶到面前。

---

② 广州日报 2018 年 10 月 22 日：《2019 L2 级自动驾驶“普及年”来了》

图 4.2　配备 L2 级辅助驾驶系统的 MARVEL X 乘用车（图片来源：荣威官方网站）

4.1.3　自动驾驶共享出行已来——无人公共交通即将迎来真正的乘客

本章开头描述的无人驾驶清扫车，是自动驾驶技术和公共服务结合的一个典型例子。在公共交通方面，更多企业的投入主要集中在自动驾驶公共汽车、自动驾驶小巴、自动驾驶出租车等公共乘用车上。其中，百度在自动驾驶公共交通领域最引人瞩目。

2018 年 7 月，百度与厦门金龙客车合作研发的全球首款 L4 级自动驾驶小巴“阿波龙”（见图 4.3）正式上线，并实现了小规模的量产——100 辆。“阿波龙”的内部设计很有科技感，它没有方向盘、驾驶位，也没有油门和刹车踏板，采用的是 Apollo 自动驾驶系统。“阿波龙”小巴装有毫米波雷达、摄像头等，可以精确识别路面的交通线、车辆及行人，实现无人驾驶，适用于园区、景区等特定场所。

图 4.3 阿波龙 L4 级自动驾驶小巴（杨建正 / 人民图片）

根据百度和金龙客车的规划，完成总装下地的“阿波龙”将分别发往北京、河北雄安、福建平潭、湖北武汉、广东广州和深圳以及日本东京等地开展商业化运营。以日本东京为例，“阿波龙”小巴与软银合作，用于核电站和老龄化社区的接驳。

自动驾驶出租车方面，百度与一汽红旗合作研发了国内首款 L4 级自动驾驶计程车——Robotaxi，并在 2019 年 6 月获得长沙市 45 张自动驾驶测试牌照，正式在长沙开启无人驾驶载客运营的测试。与其他城市的测试许可不同的是，长沙市将允许“载人测试”，即在法律规定的条件下允许第三方乘客搭乘，Robotaxi 无人驾驶计程车即将迎来真正的乘客。

4.1.4 无人配送大显神通——自动驾驶变革物流

有关自动驾驶目前争议最小的应用场景或许不是出行，而是帮助解放生产力、实现工业作业自动化的物流运输领域。自动驾驶在卡车、物流运输车等工业和物流领域同样有很大的市场。相较乘用车而言，卡车的特殊属性和较为单一的使用环境更适合自动驾驶的商业落地，自动驾驶卡车带来的经济利润刺激也许会比自动驾驶乘用车更大。

在国内，已有多家初创企业开始专注于自动驾驶卡车解决方案，如图森未来、赢彻科技、主线科技等。以主线科技为例，这家成立于 2017 年的自动驾驶公司一开始就致力于运用自动驾驶技术打造智慧物流产品，专注于为港口、物流园区、工业园区提供 L4 级无人驾驶解决方案。

2017 年 12 月，主线科技的无人卡车集装箱运载项目在天津港签约启动，这是全国乃至全世界范围内率先将自动驾驶技术应用于港口实际业务流程中的案例。主线科技无人驾驶重型牵引车载重 40 吨，车头 4 吨，车高可达 4 米，带挂总长超过 17 米。相比自动驾驶乘用车，操控这样一个庞然大物，对精确、安全行驶技术的要求更高。在应用无人驾驶卡车之前，港口都是依靠人工来判断集装箱和卡车的吻合度，不熟练的工人需要花 5 分钟才能停放一个集装箱到车上。而无人驾驶卡车具有高度一致性的决策控制系统，能够大大提升装载效率。

无人驾驶卡车应用到港口，到底能带来多少经济效益呢？目前，国内大型港口一般拥有 2000 台重型卡车，如果每台卡车 24 小时连续作业，需雇用 4 个司机“三班倒”，按司机的月工资成本为 1 万元来算，仅司机成本一项，一个大型港口每月就要花掉 8000 万元，一年将近 10 亿元，因此，港口对无人驾驶卡车有着非常强烈的需求。

此外，许多公司也致力于用自动驾驶方案解决快递或外卖配送的“最后一公里”难题。2016 年 9 月，京东正式发布无人配送车，可以实现在城市办公楼、小区等订单集中场所进行批量送货，其出色的灵活性和便捷的使用流程可大幅提升配送效率。2017 年 6 月，京东无人配送车已经在国内多所高校校园开始常态化运营。同时，京东还尝试研发大型载货无人车，希望通过技术进步将人们从繁重的体力劳动中解放出来，并全面提升运营效率。

除京东外，阿里巴巴、美团等也在无人配送方面展开布局。阿里菜鸟推出末端智能配送小车“菜鸟小 G”（见图 4.4），既具备车辆结构，又适合在室外长距离运行。美团推出无人配送车“小袋”，这是一款服务型低速无人车，其自身配备激光雷达、摄像头、超声波雷达、GPS、IMU 等各类传感器，可以通过成熟的系统和算法进行感知、定位和决策规划，以应对各种道路上常见的场景。

图 4.4　阿里巴巴智能配送小车“菜鸟小 G”（魏志阳 / 视觉中国）

在现代交通 100 多年的发展历程中，中国在传统汽车制造上是落后的，但进入新时代，中国抓住了自动驾驶这一新的历史机遇成为继欧美之后在自动驾驶市场发展上最为迅速的国家。

2019 年 1 月，全球最先进的自动驾驶汽车制造商特斯拉在上海选址建设超级工厂，这也是特斯拉在美国本土之外建设的首个超级工厂，预计这一工厂将于 2019 年年底试产，并于 2020 年实现量产。这个超级工厂也是上海迄今为止最大的外资制造业项目。上海特斯拉超级工厂集研发、制造、销售等功能于一体，全部建成运营后，年产能将达 50 万辆纯电动整车。

特斯拉所有全新车辆均标配先进的硬件，除支持目前已实现的自动辅助驾驶功能外，当前的特斯拉 Autopilot 已经具备车道居中、自适应巡航控制、自动停车、自动变更车道等能力，并将通过软件更新，不断完善功能，在未来实现完全的自动驾驶。

人工智能在汽车工业中发挥着越来越重要的作用，在技术不断优化和政策支持之下，未来家用交通、公共交通和物流交通三大方向上发力的自动驾驶可能颠覆我国整个交通体系，形成新的支柱产业。

4.2 人工智能化身超级警察，“AI + 安防”提升行业价值

近年来，在逃人员参加张学友演唱会被抓的新闻不断被报道，哪里有张学友演唱会，哪里就有在逃人员落网。据统计，从 2018 年 4 月第一起在逃人员在张学友演唱会上被抓事件至 2019 年年初，警方已陆续抓捕了近百名在逃人员，以至于“歌神”张学友被戏称为警方安插在演艺界的卧底。

如今，抓获第一位在逃人员的场景还历历在目。2018 年 4 月 7 日，这

位在逃人员自信地前往张学友江西南昌站演唱会，结果开场没多久就在看台上被民警拷走了。紧接着，5 月 5 日，第二位在逃人员在张学友江西赣州站演唱会过安检时被警方抓获，甚至连偶像一眼都没看到。5 月 20 日，第三位在逃人员在张学友浙江嘉兴站演唱会过安检的时候被警方发现。为了不影响现场秩序，警方选择在演唱会结束后实施抓捕，这位在逃人员成为三位被抓人员中唯一一个看完整场演唱会的人。紧接着在浙江金华站、河南洛阳站、陕西咸阳站、广东江门站等多场演唱会上，警方均抓获在逃人员。在江苏苏州站更是达到了抓捕人数巅峰，12 月 28 日至 30 日，在张学友苏州站演唱会期间，苏州警方共抓获 22 名在逃人员③。

4.2.1 人工智能化身超级警察，科技向善让 AI 更有温度

逃犯在张学友演唱会上频频被抓，背后离不开基于计算机视觉的人脸识别技术。警方恰恰是利用人脸识别技术，才在数千名粉丝中找出了逃犯。更具体地说，准确锁定并捕捉到犯罪嫌疑人的是“天网工程”人脸识别系统。

人脸识别是一种通过数字图像或视频来源的帧来识别或验证一个人的技术。人脸识别系统有多种工作方法，但一般来说，它们是通过将给定图像中选定的面部特征与数据库中的面部特征进行比对来工作的。

在人工智能各个子领域中，人脸识别是发展较为成熟的应用领域。在中国，人脸识别技术越来越多地被推向更广阔的行业。安防是目前人脸识别落地较为成熟的行业，也是一个能够大规模产生商业价值的市场，因此

③ “央视新闻”微信公众号 2019 年 1 月 3 日：《张学友开演唱会的消息一出 警方表示：懂了，懂了》

成为许多 AI 公司的切入点。在安防领域，城市安装了人工智能摄像头，日夜工作以帮助识别在逃人员。当它在一个大规模数据库中发现一张匹配的脸时，就会向最近的公安局发出警报，警察迅速到现场追捕罪犯，从而大幅提升警方破案效率。

人工智能更像是一名超级警察，它甚至能破获警方难以破解的案件。2019 年 6 月，一则新闻让无数人欣慰不已：四川警方使用 AI 技术，成功找回了 4 名走失约 10 年的孩子[④]。

这则新闻与四川省公安厅打拐处一批积案有关。2008~2010 年，10 名 3 岁左右的孩子在四川被拐。仅有的线索是被拐小孩 3 岁左右时的照片，警方利用腾讯优图实验室跨年龄人脸识别技术先进行圈定，再进一步进行 DNA 亲子鉴定，最终找到了 4 名走失约 10 年的孩子。

技术方面，研究人员对 0~18 岁的人脸的成长变化进行模拟建模，再采用深度神经网络算法来学习这些人脸在成长过程中的复杂变化。经过成千上万次的模型训练，终于训练出了一个可以进行跨年龄人脸识别的深度神经网络模型。

据悉，腾讯“优图天眼寻人解决方案”已协助福建警方找回 1000 多名失踪人员，数据检索能力的精准度已超 99.80%（见图 4.5），大大减轻了警方寻人的压力。自始至终参与这次 AI 跨年龄寻亲的警察同志说：“科技的力量真是太神奇了！我有一个愿望，希望有一天能‘天下无拐’。”这也是全国人民的愿望，未来，如果这个愿望能实现，人工智能技术一定居功至伟。

---

④ 《新华每日电讯》2019 年 6 月 14 日：《AI 寻亲！一次找回 4 名走失 10 年的孩子》

图 4.5　跨年龄人脸匹配准确度高达 99.80%（图片来源：腾讯优图实验室）

4.2.2　保护人民群众安全，春晚入场刷脸 1 秒通行

任何热闹的欢庆场面背后，都离不开紧张有序的安保工作。人工智能技术在人群集中的演唱会、峰会等的安保工作中能够发挥重要作用，为会场安全保驾护航。例如，国内 AI 公司云天励飞就为 2019 年央视春晚井冈山分会场和深圳分会场提供了安保和“刷脸”入场服务。

在井冈山分会场的舞台周边和现场出入口，云天励飞启用了 5 台人脸门禁、5 台人脸抓拍机和 1 套“深目”系统，对现场人员的人像信息进行采集、分析、挖掘和“白名单”布控等，为现场演出提供安保服务。

在深圳分会场，云天励飞在现场 5 个出入口部署了 15 台人脸识别闸机和 6 台人证比对一体机，组成 10 个通道，保障会场安全。最终深圳分会场前端实现了 5 万人像库的秒级通行，支持实时认证比对、现场授权和后台管理服务数据分析等。经互联网注册、后台验证授权成功的演出人员、工作人员等，全程仅需“刷脸”，1 秒内即可验证身份，快速高效通行进入会场。

据了解，自 2014 年成立以来，云天励飞已陆续成功服务于杭州 G20 峰会、乌镇互联网大会、全国双创周主会场、博鳌亚洲论坛、上合组织青岛峰会、进博会等多个国际、国内重要会议，是公安部指定的国家级会议安保技术服务商。其首创的全球首套动态人像识别系统云天“深目”，自 2016 年在深圳上线以来，已被部署到我国和东南亚地区的 80 多个城市，协助警方破获 1 万多起案件，产生了广泛的社会效应。

4.2.3 AI 深度改造安防行业，中国人脸识别在实际应用中全球领先

中国是世界上最安全的国家之一。事实上，近年来中国的犯罪率也是持续走低的。请看一组数据：根据公安机关的统计，2017 年全国刑事案件立案数同比有所下降，尤其是严重暴力犯罪案件下降幅度较大，刑事案件破案率明显提高，人民群众安全感和满意度大幅度提升。2017 年 1~11 月全国严重暴力案件同比下降 15.6%，比 2012 年下降 51.8%；全国命案新发案件数量下降 9.7%，新发命案破案率高达 98.8%，全国命案积案破案数上升 95.1%，中国已成为世界上命案发案率最低的国家之一⑤。

这些都与 AI 技术的进步分不开。事实上，技术确实正在降低犯罪率。一个解释是：在经济发展促进就业，以及娱乐业高度发达的常规性解释之

⑤ 公安部公安发展战略研究所：《中国犯罪形势分析与预测（2017—2018）》

外，人类犯罪率整体下降的最根本原因，是技术进步提升了犯罪成本[⑥]。

随着计算机视觉（人脸识别、步态识别等）、机器学习、智能分析等AI技术逐渐成熟，智能化成为安防行业新的发展方向，人工智能也正在深刻地改造安防行业。智能安防包括了大部分人脸识别的应用场景，如机场、车站、展会、出入境，也包括智慧交通，如车辆管理、车牌识别等，通过这些技术可以追踪车辆什么时候上的高速，什么时候下的高速。智能安防也包括视频监控，可以对人的行为和行踪进行跟踪等。

世界各地的公司和城市都在尝试使用人工智能来减少和预防犯罪，或更快地应对正在发生的犯罪。中国凭借大规模人脸数据集、政策支持等优势，在AI安防领域有领先的优势。例如，中国的团队多次在全球权威的计算机视觉竞赛中夺冠。2018年，在素有产业界“黄金标准”之称的全球人脸识别供应商测试（FRVT）[⑦]中，来自中国的依图科技在千万分之一误报指标下，以识别准确率超过99%的成绩夺得了冠军。人工智能已经成为我国社会治理的重要工具，在公安、交通、楼宇、工业、民用等领域保护着人民群众的安全。

4.3 人工智能驱动经济晴雨表，“AI+零售”颠覆服务体系

零售产业对整个社会经济智能化有着非同寻常的意义，零售是一个跟

⑥ 李北辰：《技术进步降低人类犯罪率，未来能否“天下无贼”》

⑦ FRVT是美国国家标准技术局（NIST）定期举办的人脸识别供应商测试（Face Recognition Vendor Test），旨在衡量人脸识别算法的先进水平

经济紧密相关的行业，所以很多人都把它叫作经济的晴雨表、体温计，零售更是产业跟消费者的连接器。

中国蓬勃发展的经济正在推动零售业的增长。从电子商务开始，零售行业就朝着“智慧零售”的方向发展，并融合了人工智能和机器学习等快速发展的技术。

从传统的实体零售迈到电子商务是一大步。然而，一旦这个巨大的飞跃发生，一切都将开始迅速改变。便捷的网络和通信基础设施，快速增长的移动技术，以及计算机视觉、机器学习等人工智能技术的不断更新迭代，使中国的零售行业发生了翻天覆地的变化。

中国的智慧零售产业正以令人惊叹的速度前进。在美国，Amazon Go 无人商店的“拿了就走”购物模式引起人们无限向往，国内很多企业也纷纷跟进，推出了自己的无人店、无人超市：缤果盒子、F5 未来商店、阿里巴巴“淘咖啡”……无人商店在中国发展的速度表明，无人零售将来有可能在中国比在美国或其他地方更为普遍。

无人零售需要很多技术（部分典型技术见表 4.1），包括零售分析、人工智能、机器学习、计算机视觉、条形码、射频识别和移动支付技术等。只具体到计算机视觉技术，就需要用到行人检测、定位跟踪、人脸识别、手势识别、货架物品动态识别等，相当于打造一个封闭环境内的监控系统。

表4.1　无人零售用到的部分典型技术

代表项目	身份识别与追踪	货架商品动态识别	终端自助结算
Amazon Go	Amazon Recognition	Amazon Recognition	混合感知
缤果盒子	二维码	摄像头	RFID

续表

代表项目	身份识别与追踪	货架商品动态识别	终端自助结算
F5 未来商店	无	无	二维码
淘咖啡	生物特征	视觉识别	RFID
Take Go	生物识别（静脉识别）	视觉识别	混合感知

大数据和零售分析帮助这些商店确定库存，识别客户、客户购买模式和偏好等。摄像头跟踪并记录顾客在店内的活动，条形码或 RFID 标签会检测到他们添加到购物车中的商品。当顾客离开商店时，他们购买的商品会通过移动支付自动付款。

以永辉的无人超市为例。永辉首家“无人超市”于 2017 年 12 月正式开业。与传统的超市不同，无人超市撤掉了人工收银台，顾客从进超市、选择商品，到结算、出门，只要通过一部手机即可完成，实现了全流程自助。

除了无人零售外，人工智能技术赋能零售业，还体现在线上提供个性化商品推荐、海量数据分析，线下通过导购机器人、AI 试衣镜等提升客户体验，助力实体零售升级。下面，我们对以上应用分别介绍几个例子。

4.3.1 “双 11”背后的人工智能技术

2018 年天猫“双 11”销售额 1 小时 47 分钟破千亿元，交易峰值 49.1 万笔 / 秒，支付峰值 25.6 万笔 / 秒，24 小时总成交额为 2135 亿元。用户更快、更准的购物体验均来自搜索和推荐的数据智能的提升。

“双 11”巨大成交量的背后，就有人工智能的功劳。据阿里技术团队介绍，在“双 11”的搜索与推荐场景中，使用了深度增强学习与自适应在线学习。这些技术主要是通过持续机器学习和模型优化建立决策引擎，对海量用户行为以及百亿级商品特征进行实时分析，帮助每位用户迅速发现宝贝、为商家带来投缘的买家，提高用户和商品的配对效率。该个性化推荐系统利用前沿的深度增强学习与自适应在线学习，使用户点击率提升了10%~20%。随着技术升级，更精确的搜索和推荐结果将极大提升用户的购物体验。

据悉，阿里巴巴记录了超过 4.5 亿位活跃用户的购买行为数据、数十亿款商品的多维特征刻画数据，面对这样的海量数据计算，背后有一个阿里巴巴内部称之为 Porsche 的强大实时计算平台，其承载了包括在线学习、深度学习、增强学习在内的计算任务。从近几年的“双 11”来看，人工智能、数据智能等技术发挥着越来越大的作用，这也正预示着技术驱动模式已经在阿里巴巴这家过去被认为是从商业运营见长的公司中悄然形成。

4.3.2 技术助力实体零售升级

人工智能在线下给零售带来了变革，包括提升线下购物的客户体验、减少店铺人工成本等。例如，海底捞引入了科大讯飞智能客服——Injoy Assistant 小美，满足消费者的排队取号、预约餐位等需求。品牌定制化问答对话系统，应用语音合成与语音识别技术，打造高效品牌电话服务场景。通过语音识别和语义理解，能够确定消费者的订餐需求，智能化做出判断。实际调研数据显示，客服质量提升 50%，订餐量提升 29%，数据分析价值提升 80%。

人工智能助力实体零售升级的另一个例子是“AI 试衣”（见图 4.6）。

美国服装品牌 Guess 率先与阿里巴巴合作将 AI 技术融入了线下购物。在 Guess 的 FashionAI 概念商店里，客户通过扫描淘宝 ID 绑定身份信息。在浏览货架时，顾客随意拿起一件衣服，货架边的“镜屏”就会感应到商品信息，并结合顾客浏览历史和购物历史，给出若干种个性化的搭配推荐。

图 4.6　Fashion AI 概念商店里的 AI 试衣镜（牛镜 / 浙江智苑文化创意有限公司 / 视觉中国）

进入试衣间，顾客会发现，所有待试衣服都已经准备好了。试衣间配备的“AI 试衣镜”，可提供 360° 数码视野。无论是加购，还是更改尺码、更改颜色，都可以点击试衣镜完成，而无须离开试衣间。售货员接到指令后，还将为顾客送上新选择的衣服。

4.3.3　中国在智慧零售领域开辟了一条创新之路

经济增长、庞大的人口以及高比例的年轻人使得中国正在成为新兴技术的沃土，推动智慧零售的发展。如今，中国已经在零售分析和智慧零售领域开辟了一条充满创新的道路。像腾讯、阿里巴巴、京东等公司，已经赢得了与沃尔玛等西方零售品牌合作的机会，为传统商店提供AI赋能的“数字化工具箱”。

这是一个新兴且正处于上升阶段的市场。据《2018新消费崛起趋势白皮书》发布的数据[⑧]，无人零售市场规模将来有望超过万亿元。

4.4 人工智能打造智慧家居，“AI + 家庭”探索全屋互通

家是一个人最重要的居所。想象一下，当你回到家里：智能门锁自动识别人脸并自动开关门，房间里的灯感应到人及周围环境自动开灯并调节亮度；当你坐在沙发上看电视时，可以语音控制电视机自动打开、自动寻台，灯会自动调节到合适的亮度；当房间需要清洁时，也只需对扫地机器人说一句“请打扫房间”；当你说“我要睡觉了”，房间的灯、电视会随即关闭，窗帘自动拉上……人工智能将实现家庭设备的全面智能化，每个家庭都将拥有一个AI“大管家”。

麦肯锡2017年预测：10年之内，我们的生活空间将通过一大波新设备和新技术得到增强，它们将管理和执行各种各样的家居功能，并且重新定义家的感觉。

这就是智慧家庭的概念：智慧家庭类似于一个中枢神经系统。中心平

⑧ 由蓝莓会、央视市场研究（CTR）和艾瑞咨询于2018年4月联合发布

台或“大脑”将是核心，具有不同能力的智能家居产品都将由这个中枢主管，并执行各种任务。智慧家庭的“大脑”在当前可能是 AI 音箱的形式，而未来则会有更多的形态，可能是科幻电影《流浪地球》里的 Moss 人工智能主机，也可能是一个 AI 服务机器人。

在中国，AI 家居行业有着广阔的市场。国家智能家居质量监督检验中心发布的《2018 年中国家居市场研究报告》分析：2018 年中国智能家居市场规模增至 1210 亿元，仅智能音箱一项产品销售额就达 3 亿元，预计到 2020 年，中国智能家居市场规模将突破 1800 亿元。

智能家居的成功并不完全取决于技术，用户体验和文化也十分重要。具体在中国，家庭成员年轻化、更容易接受新技术是 AI 家居快速普及的一大优势。例如，年轻人喜爱的家居品牌“宜家家居”，也开启了智能化，2018 年 11 月，小米和宜家宣布达成全球战略合作，当前合作的只是智能照明产品，未来还将继续开发其他智能家居产品。

人工智能为家居带来的改变主要体现在两个方面：一是新的交互方式，二是新的感知方式。通过语音识别、自然语言理解、语音合成等自然语言处理技术实现的新的交互方式，可以让播放音乐、查询问答、记录提醒等行为变得极其便利。而新的感知方式可以通过执行个性化指令，提供智能的家居操控，例如，根据用户的习惯和环境自动控制房间的温度、光照等。

AI 家居产品的形态则是不唯一的，可以是智能音箱，可以是带有智能功能的家电产品，如扫地机器人、人工智能电视等，还可以是家庭机器人。

4.4.1 智能音箱、家庭机器人：下一代人机交互界面

智能音箱被认为是智慧家庭的一个“入口级产品”，是下一代人机交互界面的重要载体。亚马逊的 Echo 音箱引爆了智能音箱市场，与谷歌的 Google Home 和苹果的 HomePod 一起占据了美国智能音箱市场的绝大部分份额。

国内，科大讯飞、百度、阿里巴巴、小米、京东等公司纷纷推出自己的智能音箱。以阿里巴巴为例，阿里人工智能实验室在 2017 年 7 月推出了备受关注的智能音箱——天猫精灵 X1（见图 4.7），应用了语音识别、声纹识别、自然语言理解、人机交互等技术。其中，声纹识别技术可以根据声音条件识别出不同的使用者，以此来保证使用的安全性和私密性。而在记住了每个人之后，天猫精灵还能够实现“千人千面”，根据每个人的喜好进行内容设定和推荐。

图 4.7 天猫精灵 X1（许康平 / 人民图片）

基于声纹识别技术，阿里巴巴还推出了声纹购功能，可以通过声纹完成整个购物行为。当用户发起购物、充值等行为时，只需要说出声纹密码，声音识别系统就会对身份进行校检，确认是本人后才会完成交易，否则将拒绝请求。

智能音箱迅速在普通家庭中普及，数千万人已经习惯与智能音箱对话。此外，机器人也悄悄走进了家庭。

与智能音箱相比，家庭机器人还可以有情感智能、陪伴、监护等功能。一个知道如何有效地与人类互动，并增强人类的能力的机器人，可以成为家庭成员的陪伴。家庭机器人在国内虽然还不像智能音箱那样普及，但也有包括优必选、猎豹移动等在内的多家智能机器人公司正在研发，目前主要聚焦在儿童陪护、编程教育等方面。例如，优必选联合腾讯叮当研发的便携式智能机器人“悟空”，搭载语音助手的同时，还具有运动、反馈、平衡、感知等能力，定位是成为“孩子的第一个机器人伙伴”。

智能音箱、家庭机器人可以说是智慧家庭的入口。但当前智能家居的一个较大痛点是：大多数的产品都是单品，不成套系，不能给用户提供全方位的解决方案。过去几年大家逐渐意识到，家里的很多硬件之间如果能够连通，提供的体验将是完全不一样的。例如，净化器、空调、加湿器可以连成一个场景，协同给用户提供更好的空气解决方案。如果把厨房里面的智能硬件放到一起，也将是一整套的解决方案。

因此，AI 家居亟须形成互联互通，用户真正的需求也是无处不在的全屋智能，在整个房间、整个公寓甚至整个住宅有一个最懂自己的“AI 大管家”。不少企业都在攻坚这个难题，致力于打造全方位的智慧家庭解决方案。

4.4.2 智慧家庭的全方位解决方案：人工智能是最懂你的大管家

以海尔为例，2017 年 11 月，海尔发布了“海尔 U+”人工智能智慧家庭解决方案，这是一个涵盖人工智能交互系统、基于深度学习的智慧家庭解决方案。图 4.8 所示为海尔智慧家庭陈设展示。

图 4.8 海尔智慧家庭陈设展示（王宇轩 / 视觉中国）

“海尔 U+”人工智能智慧家庭解决方案包含了两大应用：一是人工智能交互系统解决方案，包括语音模块、人脸识别模块、食材识别模块、衣物识别模块等七大模块，未来将应用在智能音响、智能手机、智能家电、机器人、智能家具等场景；二是基于深度学习的智慧家庭解决方案，旨在以 U+ 大脑为核心进行数据的采集与计算，对整个智慧家庭进行全局实时分析，自动分析学习用户使用习惯，推荐系统为用户提供定制化的智慧解决方案，打造“千人千面”的智慧家庭，为用户提供便捷、舒适、节能、健康的生活方式。现在，海尔 U + 人工智能智慧家庭解决方案已落地家庭的水、空气、采暖、能耗、安防、健康、娱乐、教育等八大场景和客厅、厨房、卫生间、卧室、娱乐室五大空间。

4.5 人工智能助力行业互联，“AI + 产业”实现格局转型

产业互联网（Industrial Internet）是从消费互联网引申出来的概念，是指传统产业借力大数据、云计算、智能终端以及网络优势，提升内部效率和对外服务能力，是传统产业通过“互联网 +”实现转型升级的重要路径之一[⑨]。

人工智能赋能产业互联网，利用先进的技术和互联网的理念改造传统产业，覆盖泛互联网、泛行业和泛政府等方面。下面，我们分别从医疗、农业、金融和产业园区四个方面，纵览人工智能带来的改变。

4.5.1 中国医疗 AI 新突破：儿科常见病诊断准确率超普通医生

医疗不仅是医学问题，也是社会问题。在我国，由于存在人口老龄化、

⑨ 百度百科词条：产业互联网

医疗专业人员缺乏、医疗资源供需不平衡以及地域分配不均等问题，对AI + 医疗的需求很大。近年来，随着计算机视觉、深度学习等技术的进步，人工智能在医疗领域的研究不断取得突破，尤其是在医疗影像分析、疾病预测、电子病历等方面。AI 有助于提高诊疗效率和精准度，改善医疗人员和患者之间的不平衡，降低医疗成本等。

例如，由来自依图科技等企业的众多专家共同研发了一个 AI 系统，专门用于诊断儿科疾病，诊断结果可与初级保健儿科医生相比。该研究共分析了 1 362 559 名儿科患者就诊于某大型转诊中心的 10 160 万个数据点，对 AI 系统进行了训练和验证。结果显示，从流感、哮喘到威胁生命的肺炎和脑膜炎，该系统的准确率始终与初级保健儿科医生相当，甚至有所超越：AI 程序诊断出呼吸道感染和鼻窦炎准确率为 95%，不常见的疾病的确诊率也很高。

这项研究发表在顶级医学杂志《自然 · 医学》（*Nature Medicine*）上，也是中国研究团队利用自然语言处理（Natural Language Processing，NLP）技术基于文本型电子病历进行临床智能诊断的一项突破。研究人员表示："医生和人工智能的关系，可以类比于人类驾驶员和其监督下的自动驾驶汽车。它可以让医生在更短的时间内以更低的成本做更好的事情。"

在中国，基于人工智能的方法已成为改变医疗保健的有力工具。腾讯、科大讯飞等公司都在努力用AI 攻坚医疗难题。2017 年 11 月，科大讯飞"智医助理"成为中国第一个通过医考的机器人（见图 4.9），拿到 456 分的成绩，超过了 95% 的考生。利用这套技术和相关的一些数据，科大讯飞正致力打造中国首家人工智能医院，以帮助医生提高诊断准确率。

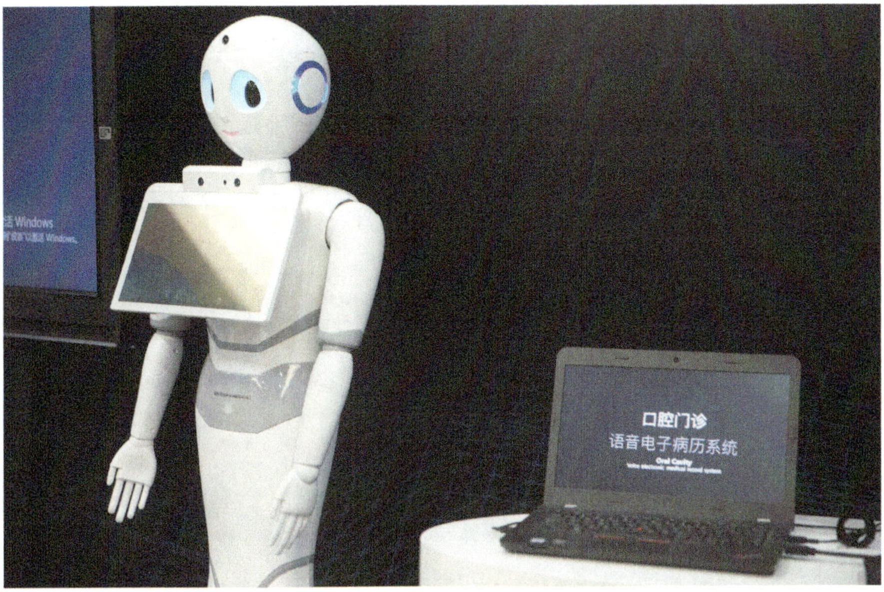

图 4.9　科大讯飞“智医助理”（于连 / 视觉中国）

百度也正利用人工智能帮助医生进行诊断，他们开发了“百度 AI 眼底筛查一体机”，仅 10 秒钟就能为检查者生成一份筛查报告。目前，全国各类眼底病患者大概有 8000 万人，几乎每分钟都有人失明。如果能够尽早发现，这些失明是可以救治和避免的，而 AI 正可以提供这样的帮助。

不仅如此，人工智能也越来越多地走进了中国医院，在医疗影像分析、疾病筛查甚至临床手术上帮助医生救死扶伤。2019 年 4 月，在广东省人民医院与广东高州市人民医院就共同上演了一场“AI+5G 远程指导手术，为心脏病患者‘补心’”的成功案例（见图 4.10）。

当时，高州市人民医院的心外手术室里，医生正在主刀进行心脏腔镜手术，而在相隔近 400 千米外的广东省人民医院，专家通过观看大屏幕上 5G 传输的实时超高清手术画面，对现场的手术进行远程指导。

图 4.10　AI + 5G 远程指导手术（邓裕达 / 视觉中国）

在这场手术前，医院就使用了自主研发的全自动 AI 去噪以及建模软件，一键完成建模，耗费时间从原来的 2~6 小时缩短至 2 分钟以内，并自动生成 3D 打印机可识别的 3D 数字心脏模型（STL 格式），可直接打印出 1 ∶ 1 实体心脏模型。

而在基层解决初诊问题的方面，我国也有自己原创人工智能理论支撑的技术应用。北京清睿智能科技有限公司利用其原创的动态不确定因果图（Dynamic Uncertain Causality Graph，DUCG）白箱型 AI 理论和云平台，与约 30 位三甲医院临床专家深度合作，构建基于患者主诉症状的跨科室知识库（症状图解见图 4.11），帮助基层医生提高全科诊病能力。目前已完成关节痛、腹痛、咳嗽咳痰、呼吸困难、鼻出血、呕血、便血等知识库（每个知识库均包含几十种可能导致其主诉症状的相关疾病）的第三方三甲医院病历测试，正确率 95% 以上。测试方法为将病历按照对应知识库中疾病病种分类，按类随机抽取病历作为测试样本，以便充分覆盖库中的罕见病，使测试更加严格。该系统能够动态生成综合疾病危险度、检测效率和成本的患者个性优化临床路径，可有效避免盲目检查，从而节省费用。该系统诊断结果具有强可解释性，可边使用边教学，赋能基层医生。其特点是直接用临床专家的医学知识和经验进行全图形建库，而非从数据中提取知识；推理计算科学严谨，过程具有可追溯性，易于纠错和更新维护，不因应用场景改变而降低正确率。该公司计划在一年内完成 30 个以上主诉知识库的构建和内部测试，其中至少 10 个完成多家第三方三甲医院测试，基本覆盖基层看病需求。目前正在开展县级医院、乡镇医院、社区诊所和村医的临床试用。

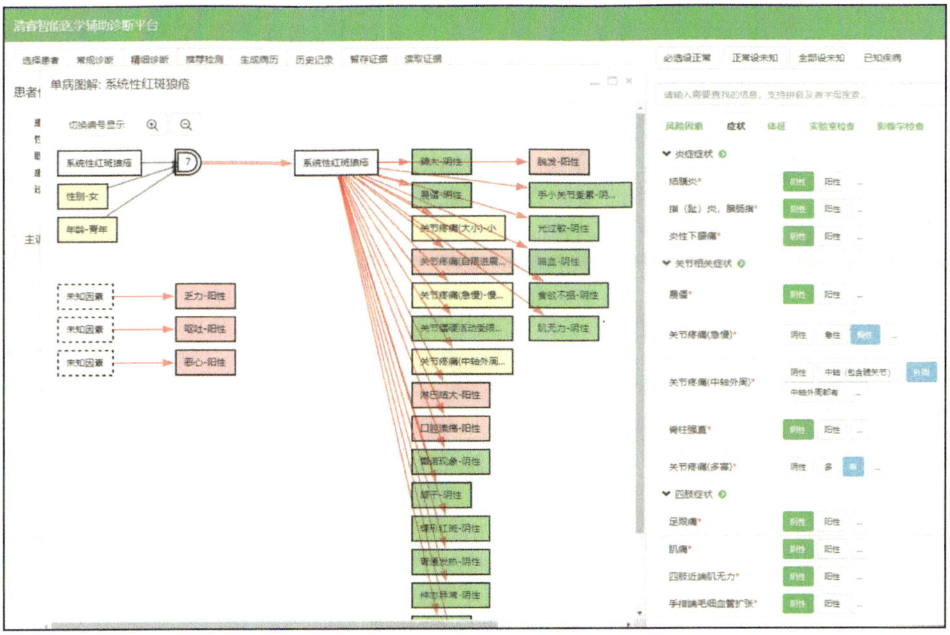

图 4.11　清睿智能医学辅助诊断平台病症图解界面

另外，人工智能硬件还能用于协助患者后续康复，在电视节目《机智过人》中，曾介绍了一种集自动化、机电、计算机、神经医学等不同学科交叉融合的科技产品——助力外骨骼。通过自主导航与智能控制理论、机器学习与模式识别、多媒体分析和理解等为基础的机器人相关技术，该装备可以提供额外能量供给四肢运动（见图 4.12）。这项技术将帮助截瘫患者站立和走动，让他们拥有更健康的生活方式。

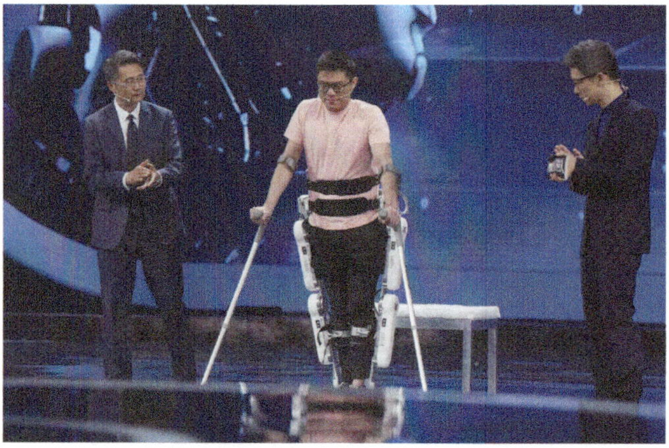

图 4.12 “助力外骨骼”现场展示图（图片来源：中央电视台《机智过人》栏目）

同时，更大、更强的助力外骨骼还能用于紧急救援人员，让他们能更轻松地抬起巨大的石头，或者从废墟里拯救幸存者，人工智能技术可以改变野外医疗救援环境。

4.5.2 人工智能在中国农业崛起，环保、高能地解放农村生产力

中国是人口大国，同样也是农业大国，农村人口比重较大。此前农业

发达很大程度上依赖劳动力的输入，中国人口红利仍然存在，但随着产业结构的变化，越来越多的劳动力流向第二产业和第三产业中，农业方面的劳动力正在减少，但由于人们生活水平的提高以及膳食结构的改善，对粮食需求量却一直增长。

人工智能技术的出现有望成为解放农村生产力的解决方式之一。在农业领域，人工智能可在种子检测、智能种植、作物监控和土壤灌溉等过程中发挥重要作用。

在种子检测中可利用图像分析技术以及神经网络等技术对种子进行准确的评估，实现纯度和安全性的检测，进而提高农产品的质量。种子是农业生产中最重要的生产资料之一，可直接关系到农产品质量，传统的种子检测方法需要人工进行，流程复杂耗费劳动力大，而且可能存在误差。AI技术的介入不仅提高了检测准确率，减少了人力成本，还不会对种子造成任何实质伤害。

智能种植与收割也是人工智能大显身手的环节，机械化已成为主流，智能化更是未来趋势。例如，用于农业的“东方红”无人拖拉机已然问世（见图 4.13）。

改革开放以来，“东方红”拖拉机从手动装配到无人驾驶技术的注入，经历了无数次的革新。2018 年，“东方红”无人拖拉机成功实现田间全程无人作业，不仅能解决中国农业人口不断减少的问题，还能真正地实现精准作业和提高生产力。“东方红”无人拖拉机不但能利用卫星导航系统进行路径规划，还能识别出区域中的障碍物，在农作时，也能借助传感器调整耕幅，在未来还能实现更多无人农作机器进行联合作业，解放农村劳动力。

图 4.13 “东方红”无人拖拉机（图片来源：中央电视台《机智过人》栏目）

无人拖拉机能匹配大多数农具，如旋耕机、整地机、播种机、翻转犁等各种农具，实用性很强，而这背后包含了对北斗定位和自动驾驶等技术的整合利用。

首先是关于定位准确性的问题。无人拖拉机利用单基站或网络实时动态技术，利用北斗卫星导航系统的高精度原始数据、观测数据和三轴陀螺仪原始测量数据，进行北斗卫星导航系统和惯性导航系统组合导航，实现拖拉机姿态倾角测量精度达到 0.3°。

其次是如何避开障碍物。在自动驾驶过程中，PLUS+1 整车控制器根据远程遥控干预系统的指令，实现一键启动和一键急停，以及各项车辆动作均以遥控器干预为最高优先级，全方位保证车辆行驶安全；根据 BDS 导航驱动箱的路径和定位信息，进行自动换向、自动刹车、发动机转速的自动控制、悬挂高度的自动控制、PTO 的自动控制；根据激光雷达对作业环境的识别信息，遇到动静态障碍物进行刹车与绕行，最终实现较高程度的无人驾驶。

AI 技术在农业领域的大规模应用在一点一点地落地。但在这一过程中，相关基础设施的建设成本对传统农业来讲仍相对较高，要想让 AI 技术顺畅地扎根在田间，这需要在工业制造层面降低成本、提升效率，这也让我们看到了未来努力的一个方向。

4.5.3 智能金融大潮席卷，人工智能让金融市场焕然一新

金融行业也是产业互联网的重要一环，在人工智能的助力下，近年来，“智能金融”大潮席卷而来，众多金融机构都不约而同地选择将人工智能技术应用于实践，与自己的业务相结合。无论是在银行、证券公司、保险公司，还是在信托公司或者基金公司，都能看到人工智能的身影。

在金融领域，人工智能的应用场景主要有智能客服、量化投资与量化交易、智能风控（反欺诈）、智能投资顾问等。未来人工智能在保险、证券等领域还有大量场景可以挖掘，如信用评估和智能赔付等。

人工智能在金融领域的运用更注重数据挖掘。与 AlphaGo 和自动驾驶汽车等限定范围和固定规则的 AI 算法应用相比，金融领域首先拥有大量结构化的数据作为基础优势，但也要面对人、社会群体行为（包括情绪）等大量不确定性复杂变量的挑战，所以 AI 的运用最先在量化交易、智能客服等技术成熟领域取得突破。

而在投资领域，人工智能的典型应用包括量化投资和智能投资顾问等。AlphaGo 战胜柯洁后，全球最大对冲基金桥水基金（Bridgewater）创始人瑞 · 达利欧（Ray Dalio）提出的量化投资原则也席卷金融行业。机器学习主导的 AI 投资基金年化收益已超过对冲基金，智能投资顾问即将颠覆基金证券领域。

投资选股的过程其实就是一个根据多种因素做决策的过程，在投资学

中，这些因素叫“因子”（factor）。除板块、概念和基本面外，现实中影响股票收益率的因子还有很多。例如，公司所在的地区，CEO 的年龄、学历、人脉状况等都有可能影响股票的收益率，在实际操作中，它们也可能成为选择股票时要考虑的因子。人工智能常被用来解决这类问题，利用机器学习的方法来辅助选股。

目前，智能投资已在金融市场得到了比较广泛的应用。各大主要基金多少都会采用人工智能技术。不过，或许是由于中国的金融市场过于复杂，智能投资在中国市场上的表现远没有在国外市场上好，因此人工智能目前还主要是作为辅助手段被投资者利用，完全利用人工智能进行投资的例子还比较少。或许，随着数据的进一步丰富、模型的进一步完善，智能投资会逐渐在我国市场上扮演更为重要的角色。

人工智能应用到金融行业，给金融行业带来了三个方面的改变。

首先，大幅改进了金融服务的效率。过去，金融服务在相当程度上是劳动力密集型的，如客服、投资研究、交易等，都需要很多的人力投入，不仅成本高，而且效率也相对低下。在引入了人工智能后，不仅大批人力被节约了，服务效率也大幅提高了。

其次，大幅拓宽了金融服务的范围。过去，限于成本、风险控制能力，很多相关的金融业务无法得到充分发展。例如，投资顾问、消费金融等服务，过去只能存在于很小的范围之内。而在人工智能应用之后，这些原本无法发展的业务终于实现了较快的发展，金融服务的范围被大大拓宽了。

最后，促使了金融监管方式的变化。人工智能的应用，让原本已经十分复杂的金融环境变得更为复杂，传统的监管模式已经难以适应现实需要，这也倒逼金融监管随之发生改变，让以人工智能为代表的“监管科技”

（Regtech）越来越多地被应用到监管实践当中。

目前，人工智能在金融实践中的应用已经十分丰富，包括智能客服、智能投资顾问、风险管理、投资研究、交易和投资组合管理、监管科技等。所有这些应用，都可以在我国找到十分生动的实践案例。下面，我们将以智能客服和智能投资为例，介绍人工智能为金融行业带来的改变。

智能客服：新来的大堂经理是机器人

“大家好，我是娇娇，欢迎光临，我是新一代的大堂经理。”这是 2016 年 7 月交通银行推出的智能机器人——“娇娇”（见图 4.14）在介绍自己。作为一款智能机器人，“娇娇”能听会说，会根据用户的问话做出回应。对于常见的问题，如关于银行业务、办理流程、所需材料等的询问，“娇娇”基本可以对答如流。“娇娇”还可以通过人脸和声纹识别顾客，并具有记忆功能。如果看到了熟人，还会主动上前打招呼。

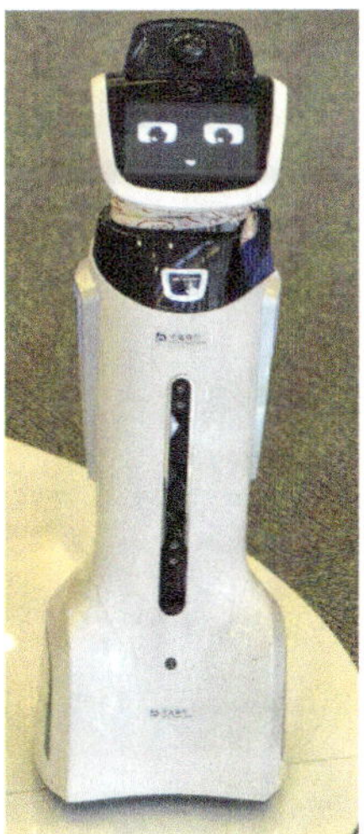

图 4.14　智能机器人“娇娇”（吴小川 / 视觉中国）

“娇娇”只是金融机构将人工智能应用于客服的一个案例。在银行、保险等金融行业，都需要大量人员来满足客服的需要。一个好的智能客服，至少要做到：听得清、听得懂、答得对、答得好，而实现以上几点，就要涉及语音识别、自然语言处理、知识图谱以及机器学习等人工智能技术。

智能客服的使用大幅提高了金融机构的客服效率，也大幅降低了其成本。工商银行曾公布过一个数据，该行的智能客服“工小智”上线 1 年，节约的成本就达到了 1 亿元，这个业绩颇为可观。

4.5.4 百年首钢“AI+”，打造世界级 AI 创新应用园

人工智能也为传统产业园带来了创新生机，这是 AI 赋能产业互联网的又一个生动例子。

2018 年，AI 唤醒了首钢。有百年历史的首钢和 AI 牵手：成立首钢 AI 园（见图 4.15），打造世界最大的 AI 创新应用园。首钢园北区 2.91 平方千米范围内将全面开展人工智能示范应用，让自动驾驶车、机器人、人脸识别机器等激活这个重工业园区。百年首钢与 AI 融合，首钢在工业时代扮演了主角，在 AI 时代也将重获新生。

从 1919 年在北京西郊建成之后，首钢创造了多个第一：首次将中国的炼钢技术向国外出口、建设国内规模最大的现代化线材生产厂、首推企业承包制……至今，首钢还是国内保存最完整、面积最大的钢铁工业生产厂区。

10 多年前，为服务国家发展战略和北京奥运筹办，首钢实施钢铁业整体搬迁，迁出北京。2010 年底，一号高炉全面熄灭，至此，首钢北京石景山厂区宣告全面停产，留下了一座钢铁森林。随着北京地区涉钢产业停产，首钢在北京发展首钢总部经济，高端金属材料、高端装备制造、汽车零部

件、生产性服务、文化创意产业成为首钢的重点业务，实施工业区改造，建设新能源、新材料研发基地等。

图 4.15　从首钢 3 高炉的皮带通廊远远望向首钢 AI 园，仿佛穿越了时空

直到近几年 AI 技术爆发，让首钢又找到新的突破点。首钢 AI 园围绕园区大脑、自动驾驶、智能机器人、智慧安防、智能物联等五大平台开展示范应用。

园区大脑

支持建设涵盖园区综合运营保障、园区运行监控与体征分析、IOC 可视化呈现、园区应急调度与指挥的综合管理服务子平台，信息交换和通信、智能化识别、定位、跟踪、监控和管理的物联网子平台，接入各类物联感知数据、生活服务数据、公共区域智慧应用基础数据、多样化的异构数据和同构数据以及实现主题数据库归类的大数据子平台，园区导览、预约的文旅子平台等五大子平台的智慧园区大脑，实现制定园区智慧化项目运营管理标准规范。

自动驾驶

支持建设涵盖园区内代客泊车、无人接驳车、无人售卖和配送车、无人巡检车、清扫车等多厂家、多终端（大屏端、移动客户端、网页端）自动驾驶云控平台，实现智能网联车辆的统一管理、车辆安全认证、数据采集、车辆监控、运营监管服务、故障记录、数据回放等功能，并支持FOTA扩展及安全通信。

智能机器人

支持建设多场景、多模态、多终端的、各类机器人终端设备标准接入的、实时响应特性的面向园区服务的“云＋端”一体化的智能机器人混合云平台，开展面向园区服务场景的多语种语音识别、多语种语音合成、意图理解、人脸识别、声纹识别等基础能力的机器人模块化软件结构设计、实时任务分割与通信技术、实时数据分发与交互等技术研发，实现工艺优化、远程监控、智能状态分析、预测性维护等应用服务，加快机器人的操作系统，云平台、机器视觉、传感器、芯片等核心技术攻关，以实现自主可控。

智慧安防

支持构建完整的、集成的、可靠的、易操作的建筑智能化园区管理系统，利用5G技术和设备、实现园区环境监控、信息与通信安全、园区周界智能分析、公共区域安防、道路路口监控、智能交通分析（拥堵）、视频巡逻、电子巡更、安保协同、区域协同、单兵作战、警情联动、信息发布、逃生指引，预防突发事件和事故。

智能物联

支持建设基于自主知识产权的底层基础平台、感应感知及算法平台、AI 数据库和一站式 AI + 展示体验中心，与首钢园人工智能研究院共同推动和引导创新科技成果和示范应用项目进行自主化硬件和算法的适配，并通过计算机视觉技术与机器人 + 文创 + 体育等产业联动，进行园区 AI 技术应用展示，构建感、传、知、用四层体系架构的物联网，为园区提供数据一体化、服务智能化的解决方案。保持数据安全性的同时，挖掘物联网生成的海量数据，加强机器、人与企业系统之间的协作，改善洞察力、提高效率和生产力。

在首钢 AI 园，红褐色炼钢高炉下跑着不同类型的自动驾驶汽车，冰冷的钢铁森林里运用了人脸识别技术，现代技术与传统的重工业厂区完美融合，甚至奔驰的新车发布会也选在了首钢 AI 园。

首钢集团已经正式成为北京 2022 年冬奥会和冬残奥会官方合作伙伴。

利用 AI 技术，首钢 AI 园设置了科技冬奥、智慧园区、自动驾驶、智能机器人、智能制造、AI 创新应用示范展厅，这些都将成为园区的核心示范项目。

4.5.5 人工智能渗透中国各行各业

2017 年 7 月，在《新一代人工智能发展规划》中，国家提出“加快推进产业智能化升级。推动人工智能与各行业融合创新，在制造、农业、物流、金融、商务、家居等重点行业和领域开展人工智能应用试点示范，推动人工智能规模化应用，全面提升产业发展智能化水平”的目标。本章，我们通过具体案例描绘了当前人工智能赋能各行各业带来的新机遇、新天地。从交通、零售、安防、家居、医疗、金融到传统产业园，人工智能技术已经渗透到中国的各行各业，发挥中国优势，实现创新发展。这中间，政府、学术界和产业界都付出了巨大的努力。笔者所在的作为行业纽带的新智元，也更加清晰地感受到人工智能作为颠覆性的变革力量对产业和社会的影响，围绕产业甚至城市的“智能 +”升级，开展了多种活动，将 AI 技术规模化、产业化应用和场景落地最前沿的案例带给行业，推动产业智变升级。例如，2018 年新智元主办了主题为“城市升级，产业跃迁”的 AI 技术峰会（见图 4.16）。会上除了阿里巴巴、腾讯、小米等集中掌握 AI 技术的互联网公司，也有万向、海尔等制造业公司积极参与。

图 4.16　笔者主持 2018 年“城市升级，产业跃迁”AI 技术峰会

第五章

真实镜头下的中国 AI 人物

随着人工智能在中国蓬勃发展，越来越多的 AI 领军人物走进大众视野，各类媒体也纷纷报道他们为人工智能发展、促进 AI 落地所付出的汗水与努力。

这些奋斗在一线的科学家、创业者和从业者们，在人工智能大潮中的引领作用不亚于资本的涌入和新风口的出现，他们的梦想和执着，让不少中国青年人看到了希望，并愿意将自己的青春奉献给这一朝阳行业。

笔者任职的新智元公司曾经广泛采访中国人工智能学术界和产业界的杰出人物，让我们通过新智元的镜头，还原这群中国 AI 杰出人物最真实的一面。

5.1 周志华：获得全球 AI 学术会士“大满贯”的世界级科学家

作为国内人工智能领域最具国际知名度和影响力的学者之一，南大周志华教授（见图 5.1）的所有学位都是在国内取得的，在海外最多只连续待过两个月，是完完全全的“本土学者”，这在中国 AI 学术界非常罕见。周志华正是以本土学者的身份成为具有国际影响力的世界级科学家，成就了 AI 学术领域会士（Fellow）“大满贯”：他是美国计算机协会（ACM）、美国科学促进会（AAAS）、国际人工智能学会（AAAI）、国际电气电子工程师学会（IEEE）、国际模式识别学会（IAPR）、英国工程技术学会（IET）、中国计算机学会（CCF）、中国人工智能学会（CAAI）等的会士。

图 5.1　南大周志华教授

5.1.1　本土学者做出世界级学术贡献

出生于 1973 年的周志华在南大度过了 8 年的学生生涯，本硕博都在南大计算机系度过，28 岁被破格聘为副教授，29 岁获国家杰出青年科学基金，随后被聘为教授，32 岁时入选教育部长江学者特聘教授。在计算机领域尤其是机器学习领域，他出版了多部专著，并在一流国际期刊和顶级国际会议发表论文 200 余篇，获发明专利 20 余项。

2016 年年初，周志华因在机器学习领域，尤其是在集成学习、多标记及部分标记数据学习上的卓越贡献当选 AAAI 会士，也是唯一一位在国内取得博士学位的 AAAI 会士。在 2016 年新当选的 ACM 会士中，中国人或华人仅有两位：一位是美国微软首席语音科学家黄学东，另一位就是周志华。

2017 年年初，周志华被选为 2019 年国际人工智能大会（AAAI 2019）程序委员会主席，成为 AAAI 自 1980 年创始以来首位中国人程序委员会主席。对此，周志华以一贯谦虚的态度表示大家“谬赞”了，他会争取利用这个机会为华人特别是国内学者多做点事。他曾开玩笑地表示第一件事就是要把春节的时间告诉相关工作人员，请会议避开。

周志华可谓是中国人工智能领域尤其是机器学习领域的亲历者与见证者，能获得国际 AI 领域同行的认可靠的是坚实的学术基础。

在人工智能如此火热的今天，周志华对技术的发展也始终保持高度理性和清醒的认知。对于近年来最火热的技术——深度学习，以及人工智能未来的发展走向，周志华在多场报告中都提到过他的观点：深度学习可能有“冬天”，它只是机器学习的一种技术，总会出现更“潮”的新技术；但机器学习不会有“冬天”，只要有分析数据的需求，就会用到机器学习。

在深度学习方面，周志华提出了“深度森林”，来拓展深度学习。2017 年 3 月，论文《深度森林：探索深度神经网络以外的方法》（*Deep Forest: Towards an Alternative to Deep Neural Networks*）中提出了一种基于树的方法 gcForest，使用相同的超参数在许多任务上取得了不亚于深度神经网络的结果。这是国际上第一种非神经网络的深度学习方法。这篇论文指出，当前的深度模型全部都是神经网络，构建诸如“深度森林”这样的其他深度模型，为在许多任务中使用神经网络之外的方法打开了一扇门。

在 AI World 2018 大会上，周志华谈到“深度森林”时表示：任何一个理论的提出，都需要经过长时间的发展与完善。“深度森林”目前尚处于初级阶段，好比打开了“深度学习”这间小黑屋在神经网络之外的一扇门，有大量内容需要去探索。

5.1.2 担任南大人工智能学院首任院长，重视 AI 本科教育

除国际 AI 领域会士“大满贯”这一身份外，周志华更是南大计算系的一名教授，一直致力于为我国培养多层次的 AI 人才。

“学于斯教于斯”，求学于南大，任教于南大。从学生到教授再到系主任 / 院长，周志华对南大有着深厚的感情，也用自身的学术力量与教学热情影响着南大计算机系。周志华于 2013 年 5 月担任南大计算机系副主任，2018 年 1 月担任计算机系主任，2018 年 3 月兼任南大人工智能学院首任院长。

周志华一直重视本科教育，坚持给本科生上课，早在 2016 年就承担了南大本科生人工智能教学改革项目。南大 2018 年 3 月宣布成立人工智能学院后，周志华被任命为第一任院长并亲自授课。学院在大一上学期设置“人工智能导学”课程，由周志华担任授课教师来介绍这一学科的内涵和精髓。周志华也曾表示在设计人工智能本科专业课程时需要考虑多种因素，每门课程的设置都需要考虑很多问题，而且这些课程之间相互牵扯，必须通盘综合考虑。

除 AI 本科教育以外，周志华在研究生与博士生的培养上也颇有建树，他培养出了 8 名中国计算机学会优博，占全国同期的 10%，他建立的 LAMDA 实验室更是他十几年的心血。LAMDA 成立于 2004 年，是“Learning And Mining from Data”的缩写，已成为世界知名的人工智能与机器学习研究机构。LAMDA 培养出来的硕士生与博士生目前也都活跃在计算机科学领域的世界舞台上并逐渐崭露头角，或继续选择学术深造的

道路，或进入企业将 AI 技术应用落地。有些毕业生已经成为名校的教授，有些毕业生则在科技巨头公司担当重任。

在知乎上，曾有人提问“南大 LAMDA（周志华）组的实力如何？”，清华大学计算机系副教授刘知远在这个话题下回答：“周志华老师及其团队在学术和育人方面的优秀，是超越学校品牌的。也就是说，无论把他们放到哪个学校，都值得同学们去读他们的研究生。”

学术力量满分，育人理念更是值得尊重——满足国家对 AI 人才的真正需求一直是周志华强调的重点之一。正如周志华此前接受新智元采访时说的那样：“人工智能时代最缺的就是人才。因为对这个行业来说，你有多好的人才，才可能有多好的人工智能。”

5.2　施路平：跨领域合作勇攀高峰，团队成果登《自然》封面

2019 年 8 月的头几天，许多科技媒体都被一则消息刷屏：清华大学开发的全球首款异构融合类脑计算芯片——“天机芯”驱动的“自动行驶自行车”登上了 8 月 1 日《自然》(*Nature*）杂志封面，实现了中国芯片和人工智能两大领域在《自然》杂志论文零的突破。

这项研究由依托精密仪器系的清华大学类脑计算研究中心施路平教授团队完成，研究人员用一个自动行驶自行车系统验证了这一混合芯片的处理能力，开发了一个人工通用智能硬件演示平台。

这项研究虽然是新近才广为人知，但施路平（见图 5.2）对于智能和类脑计算的追寻和研究，却历时已久。

图 5.2　清华大学教授、类脑计算研究中心主任施路平

施路平 1988 年硕士毕业于山东大学晶体所，师从已故晶体专家蒋民华院士，于 1992 年在德国科隆大学结晶学研究所获得博士学位。之后他在德国 Frauhofer 应用光学和精密仪器研究所和香港城市大学光电子中心进行博士后研究。1996 年起，他在新加坡科技研究局数据存储研究院任职，历任高级研究工程师、资深科学家和四个重要实验室的主任：人工认知存储器实验室主任、光学材料和系统实验室主任、非易失性存储器实验室主任和光学媒体实验室主任。在新加坡期间，施路平还获得了 2004 年的新加坡国家科技奖。

施路平是人工认知存储器的主要开拓者之一，很早就成为存储方面的世界知名专家，是国际光学工程学会（SPIE）会士。除了发表过多篇高水平学术论文，他还被世界知名的科技出版品牌 CRC Press 邀请担任全球非易失性存储器丛书的联合主编。

尽管已经是 IEEE 等国际学术团体里相关学科的顶尖学者，但施路平内心还有更宏大的畅想和抱负——2006 年独立开启类脑计算相关研究。2012 年他作为特聘教授加入清华大学，就任清华大学光盘国家工程研究中心主任。施路平认为类脑芯片研究最大的挑战来自学科的分布，多学科深度融合是解决这个问题的关键。他和团队的清醒认识得到了清华大学各层面的大力支持，2014 年依托清华大学精仪系并联合计算机、电子、微电子、自动化、材料系和医学院创建了清华大学类脑计算研究中心。跨学科的深度合作融合，极大地保障了项目的成功。

实际上“天机芯”早在 2015 年就发布了第一代，2017 年发布了第二代。它能够把基于计算机科学和基于神经科学这两种方法，集成到一个平台，可以同时支持机器学习算法和现有类脑计算算法。美国《麻省理工学院技术评论》就此发表文章说，“天机芯”芯片成功在自动行驶自行车上进行实验，显示了中国在人工智能芯片领域日益增长的专业能力，以及旨在优化人工智能算法的全新芯片设计方法的价值。

作为信息存储和类脑计算方面的专家，施路平认为在有些方面计算机早就超越了人脑。但是智能有很多个层次，尤其是对于不确定性的问题，如学习、自主决策等很多领域，计算机和人脑还是有相当大的距离。

施路平深知计算机会逐渐缩小与人脑的差距，在一个又一个技术层面超过人类，因为计算机的发展有一个特点，就是它一直往前走，从不退步。但是，他相信人类能够把控这种风险，计算机或人工智能不会像科幻电影说的那样毁灭人类。就像核武器早就已经造出来了，但是为什么现在它没有毁灭人类呢？这是因为我们可以掌握它、控制它。人工智能也一样，人类可以控制它、善用它，利用它帮助人类创造更加美好的生活。

5.3 汪玉：CCF 青竹奖得主，献策“中国芯”创新生态

2016 年，深鉴科技成立，清华大学电子工程系教授汪玉（见图 5.3）是联合创始人之一。深鉴科技是一家专注于深度学习处理器研发与推广的公司，拥有产业界领先的机器学习研究能力，专注于神经网络剪枝、深度压缩技术及系统级优化。

图 5.3　清华大学教授、深鉴科技联合创始人汪玉

在短短两年间，深鉴科技就成功拿到三轮融资，进入芯片初创企业中的第一梯队，相比那些和深鉴科技同时起跑的芯片企业，深鉴科技无疑已经占领了先机。

2018 年 7 月，全球最大的 FPGA（现场可编程门阵列）厂商赛灵思宣布收购深鉴科技。深鉴科技也由此成为近年来 AI 芯片创业热潮中第一家

被收购的中国明星创业公司。今后深鉴科技的主赛道将放在自动驾驶和辅助驾驶领域。

2019 年 5 月，由中国计算机学会主办的 2019CCF 青年精英大会（YEF2019）在成都召开，汪玉荣获“青竹奖”。从 2017 年起，CCF 青年精英大会设立“青竹奖”，取义于“势不可当，价值初显”，旨在表彰在计算机领域从事工业和高水平学术研讨跨界交融并做出突出贡献的青年精英。汪玉多年来潜心专研，始终致力于高效推进学术与技术的产品化，带领团队实现了多项成果转化，此次获奖也代表了学术界对他多年努力的认可。

汪玉认为高能效计算芯片有下面三种突破路径：

- 通用处理器，尺寸微缩异构多核；
- 定制加速器，软硬件协同优化设计；
- 新器件 + 新模型，存算一体、量子计算、光计算等。

他表示：AI 跟数据的获取、分析以及决策都有密切关系，并且有可能发生在所有的物体里面，AI 可能推动物联网的发展。

“每个物体都要连起来，这个量是全球人口总数的几倍，用到的芯片总量也是非常大的，这将是一个巨大的市场，也是大家觉得需要去做 AI 芯片的原因，它可以在各个地方形成足够大的出货量。”

目前国内芯片领域仅应用软件与世界先进水平相比，情况较为理想，但原料、设备、制造、设计、系统软件等方面与国际先进水平还存在不同程度的差距。

具体到芯片设计，CPU 差距较大，市场基本被英特尔等老牌厂商占领。随着地平线、寒武纪等一批芯片公司的崛起，AI 芯片设计的差距正在逐渐减小，新器件领域则处在同一起跑线上。汪玉作为学术界成员，也认识到学术界与产业界合作的重要性及现实问题，一直在呼吁并推动构建半导体创新生态。

5.4 胡郁：从中科大博士到中国 AI 产业领袖

1999 年，胡郁（见图 5.4）成为科大讯飞的联合创始人。20 年后，胡郁担任科大讯飞轮值总裁、消费者事业群总裁，负责主持公司智能语音及语言核心技术的研究工作，带领科大讯飞科研团队取得累累硕果。同时，他于 2016 年接手的科大讯飞消费者业务也有了重大进展，AI 应用红利得以兑现。

图 5.4 科大讯飞轮值总裁胡郁

每当谈起科大讯飞的成功，胡郁总是感叹："科大讯飞是那种板凳能坐十年冷、十年磨一剑的公司，我们拥有这样的基因。”

5.4.1 科大讯飞技术基因中的灵魂人物，“讯飞超脑”计划的总牵头人

1978 年出生的胡郁毕业于中科大，取得了信号与信息处理专业的工学博士学位。自 1997 年以来，他开始从事智能语音核心技术研究及语音数据库建设工作，参与多项国家“863”、自然科学基金、安徽省级、部级等重大项目的研发，在国内外核心期刊和重要国际会议上发表相关论文 40 余篇。

多年来，胡郁坚守科研工作，带领科大讯飞的智能语音技术迈入世界顶尖水平。其中科大讯飞人工智能前瞻项目——“讯飞超脑”计划，就是胡郁在科大讯飞主持的一个标杆性的研究项目。

“讯飞超脑”计划是要实现基于类人神经网络的认知智能引擎，预期成果是实现世界上第一个中文认知智能计算引擎。科大讯飞已经集结了在认知智能领域最强的研究团队，将在知识图谱构建与推理、人工神经网络模拟、人脑原理分析模拟等方向展开研究。

在胡郁的带领下，“讯飞超脑”的运作采用两条路径：一条是深度神经网络 + 大数据 + 涟漪效应，另一条则是与人脑相结合。胡郁介绍说，在打造“讯飞超脑”这项类人智能项目时，最初想到的一种构建方法是所谓的填鸭式教育——用人工的方法把知识输入到计算机中去。但大家都希望选择另外一种方法，类似人类的小孩，让他们自我学习知识，最终形成自己的意识。因此，“讯飞超脑”打造了拥有 100 多亿个神经元的深度神经网络，继而利用大数据来进行训练以改进相关算法，让系统能够基于数据实现自

主学习和提升。

如今，“讯飞超脑”已经能够做到看、听、读、写，同时还具备了推理、知识学习与表达的功能。“讯飞超脑”也通过了多场国际比赛和测试的评判：国际最高水平的语音合成比赛——暴雪竞赛（Blizzard Challenge）连续十四届蝉联第一名，第四届、第五届 CHiME Challenge 国际多通道语音分离和识别大赛的第一名，国际著名的常识推理比赛 Winograd Schema Challenge 2016 的第一名，其实力已经得到验证。

5.4.2 担纲消费者业务总裁，科大讯飞用 20 亿终端连接近百万开发者伙伴

2019 年电商“6 · 18”年中促销季，科大讯飞 C 端产品向消费者交出了一份答卷：翻译机品类销售额第一，双平台连续 3 年冠军；科大讯飞智能录音笔在录音笔品类销售额第一，销售热度超过其他品牌之和。技术势能终于转化为产品动能。

科大讯飞向 C 端强劲发力，瞄准用户规模更大的消费者市场，AI 应用红利得以兑现。这背后的推动者之一正是科大讯飞轮值总裁胡郁。技术出身的他于 2016 年开始接手消费者业务，当时设想的是力争 3 年内将 C 端业务做到企业总收入的 50%，为科大讯飞开辟下一个战场——让大众也接受并喜爱科大讯飞的产品，但这个过程并不容易。2016 年也是国内人工智能产业开始走向繁荣的一年，科大讯飞开始了一场从技术转型业务的攻坚战。

胡郁透露，科大讯飞刚成立的时候，他们也做过一款面向 C 端的统

一输入法，但结果很不成功。做 C 端产品的基本上都是做产品创新和模式创新的公司，所用的技术一定是成熟的。就像当年的互联网创新，技术上都是成熟的。但如果是做核心技术创新的公司，一开始就做 C 端产品却是很困难的。2016 年接手消费者业务时并不轻松，但毕竟时机已到，科大讯飞有足够的技术积累，能够将技术从软件到硬件完整地呈现给用户。

如今科大讯飞开放平台的累计终端数已达到 21 亿以上，平台的开发者伙伴增长达到近 90 万，每天的交互次数接近 50 亿。

胡郁在 2016 年接手科大讯飞消费者业务时，当时的业务营收是 7 亿元，2017 年实现了 14 亿元，2018 年实现了 25.17 亿元，而 2019 年的目标是继续保持高速增长。板凳能坐十年冷，20 年的技术累积终于将科大讯飞强势带入了 C 端的战场，胡郁也成为中国 AI 产业界的代表性人物之一，每每谈到自己与科大讯飞的成长经历，他还是会强调坚持的作用："能够耐得住寂寞，保持定力，朝自己认为正确的方向坚持下去。"

5.5　陈云霁与陈天石：AI 芯片界的"双子星"

AI 芯片如今已经成为一个决不能输的战场，一些在科研院所的学术人员感受到了时代的召唤，转身投入造芯大军之中。而在这群主力军中，有一对闪亮年轻的"双子星"——AI 芯片领域先行者、寒武纪的创始人陈天石（见图 5.5）和他的哥哥陈云霁。

图 5.5　寒武纪创始人陈天石

5.5.1　双双出身中科大少年班，投身国产芯片研究

中科大少年班堪称传奇，被誉为培养中国学术人才的“黄埔军校”，寒武纪创始人陈天石和他的哥哥陈云霁是少年班为数不多的亲兄弟。

哥哥陈云霁出生于 1983 年，14 岁考入中科大少年班，19 岁进入中科院计算所硕博连读，24 岁取得了计算机应用技术专业博士学位，成为当时国产芯片“龙芯”研发团队中最年轻的成员。陈云霁现任中科院计算所研究员、博士生导师、未来计算实验室主任，主要研究方向是智能处理器。出生于 1985 年的弟弟陈天石的求学之路几乎是哥哥的翻版：16 岁考入中科大少年班，2005 年获得理学学士学位，2010 年获得中科大计算机学院工学博士学位，历任中科院计算所助理研究员、副研究员、研究员（正教授）。

在中科院计算所就读期间，陈云霁师从胡伟武，胡伟武是现任中科院计算所研究员、博导、总工程师，龙芯团队首席科学家，龙芯公司总裁。陈云霁也顺理成章地成为研发团队中最年轻的成员，正式迈入集成芯片行业。

陈云霁曾回忆这段“AI 师生缘”：“胡伟武老师的家国情怀，受到很多人的敬佩。然而在我心中，他更是一位有教无类的优秀老师。15 年前我本科毕业，报考中科院计算所的研究生。可能在我之前，计算所从来没有招过像我本科成绩这么差的学生。当时，胡老师力排众议，因为我玩计算机游戏“星际争霸”的表现，认定了我的培养潜力，把我录取为他的研究生。从此，我有幸走上了科研的道路。”

哥哥刚踏上国产芯片的征程，弟弟没过多久也加入进来。陈天石在中科大读博士期间，本来可以选择留校工作，但在读博的最后一年，他时常去北京找哥哥，也正是在这一年，陈天石与胡伟武熟悉了起来。毕业之后，陈天石就加入了“龙芯”团队。“双子星”相伴踏入集成电路行业。

在龙芯的研发经历也激发了陈天石将 AI 和芯片结合在一起的大胆想法。

5.5.2 创办 AI 芯片独角兽寒武纪，为 AI 装上中国芯

陈天石就此踏上了 AI 芯片研发之路，而一直在中科院计算所研究芯片的哥哥陈云霁也成为他的合作伙伴——兄弟俩瞄准了深度学习，他们力图设计出一款深度学习专用处理器。经过多年的艰苦研究，2014 年 3 月，团队和法国 INRIA 合作撰写的《DianNao：一种小尺度的高吞吐率机器学习加速器》，在国际顶级学术会议 ASPLOS 上获得了最佳论文奖，这也是亚洲学术研究成果首次获得处理器架构领域顶尖会议最佳论文奖；2015 年 12 月，DaDianNao（又称寒武纪 2 号神经网络处理器，面向大规模神经网络的应用）荣获 2014 年度 Micro 最佳论文。

这些科研成果为寒武纪的诞生奠定了坚实基础。中科院计算所所长孙凝晖表示：“寒武纪公司是中科院计算所在处理器与人工智能交叉领域超前布局的结晶。”

寒武纪于 2016 年发布了全球首款商用深度学习专用处理器 IP——寒武纪 1A 处理器。寒武纪 1A 的横空出世打破了多项纪录，受到了广泛关注，入选了第三届世界互联网大会评选的十五项“世界互联网领先科技成果”。据寒武纪当时介绍，这款处理器基于寒武纪科技所发明的国际首个人工智能专用指令集，具有完全自主知识产权，在计算机视觉、语音识别、自然语言处理等关键人工智能任务上具备出类拔萃的通用性和效能比，在 1GHz 主频下理论峰值性能为每秒 5120 亿次半精度浮点运算，对稀疏神经网络的等效理论峰值高达每秒 2 万亿次浮点运算，同时支持 8 位定点运算和 1 位权重。

经过在若干关键人工智能应用上的实测，寒武纪 1A 达到了传统的四核通用 CPU 25 倍以上的性能和 50 倍以上的能效。2017 年 9 月，华为发布全球首款人工智能手机芯片麒麟 970（Kirin 970），通过集成寒武纪技术使华为手机具备了强大的本地 AI 处理能力。海思和寒武纪的强强联合，已成为全球智能芯片发展史中的标志性事件，为中国高科技公司的商业合作树立了典范。这两年的出色表现也让寒武纪顺利拿到了两轮融资，一跃成为 AI 芯片独角兽。2017 年 8 月，寒武纪获得了国投、阿里巴巴、联想、国科投资等共计 1 亿美元的 A 轮融资；2018 年 6 月，寒武纪再次获得了数亿美元的 B 轮融资，公司整体估值已达 25 亿美元。

在寒武纪团队的努力下，2018 年 5 月，寒武纪推出第一代云端 AI 芯片 MLU100。2019 年 6 月，寒武纪正式宣布推出云端 AI 芯片中文品牌“思元”、第二代云端 AI 芯片思元 270（MLU270）及板卡产品。寒武纪保持着一年一代的研发速度，同时研发多款高复杂度的芯片，证明寒武纪已经具备非常完备的芯片研发能力。从 AI 芯片初创企业迈向 AI 芯片新巨头的道路上，寒武纪又前进了一步。

5.6　余凯：从百度转身成为中国造芯主力军

“一开始你信仰的一些东西，它很有可能是非常小众和非常边缘的东西，有很多人不理解。但是你持续并坚持地做下去，你相信这件事是正确的，最后会是一个非常好的东西。”

地平线创始人兼 CEO 余凯（见图 5.6）对自己所坚持的东西从未灰心，也一直相信只要坚持自己认为正确的东西，未来一定会有好结果。自人工智能第三次浪潮兴起，AI 产业界也经历了浮沉跌宕，有多少投机者频繁进出，只有极少数人极为执着地留了下来。

图 5.6　地平线创始人兼 CEO 余凯

余凯就是其中一个执着者，2019 年 2 月 27 日，地平线宣布获得 6 亿美元 B 轮投资，估值达 30 亿美元，创造 AI 芯片创业公司融资最高纪录，成为中国造芯队伍的主力军。

5.6.1 中国产业界AI启蒙的代表人物之一，主导组建百度深度学习研究院

余凯毕业于南大电子科学与工程学院，于1998年和2000年分别获得学士和硕士学位，2004年在德国慕尼黑大学获得计算机科学博士学位，曾经在微软、西门子和NEC工作。创立地平线之前，他曾是百度深度学习研究院的副院长。

余凯于2012年4月加入百度，着手组建深度学习实验室，并发起中国第一个自动驾驶项目。在百度的这段经历是他全力推动所信仰的人工智能落地的开始。和其他先驱一样，他同样面临着一个问题：在那个时候，人们对深度学习的重要性还没多少认知。余凯苦苦思索如何推动百度在深度学习上加大投入。

一次偶然的机会，深度学习的重要性及其价值被百度高层意识到。2013年，余凯主导组建了百度深度学习研究院，担任副院长，李彦宏亲自任院长。该研究院主要进行的是深度学习、机器人、自动驾驶、人机交互、3D视觉、图像识别、自然语言理解等方面的研究。除促使百度这样的大企业认识到人工智能的重要性外，余凯还协助百度招募了很多知名科学家，2014年5月，余凯说服多年好友、斯坦福大学人工智能实验室原主任吴恩达加入百度，担任百度首席科学家。

5.6.2 地平线变身全球估值最高的AI芯片公司，成为中国造芯主力军

2015年5月，余凯认为自己已经在百度完成了使命后，便离开百度，

于同年 7 月创立了地平线。当时，公司的中文名字还叫作“地平线机器人”，这也可以看出余凯未曾改变的野心——要在智能时代的机器人系统中扮演核心角色。当然，这里的“机器人”不是一般意义上的“机器人”，而是涵盖意义更广泛的英文“Robotics”的自动化系统，比如一辆智能汽车。

初创企业难，余凯也曾经陷入几乎每个创业者都遇到过的困境。在一次演讲中，余凯曾自嘲，以前顶着百度深度学习研究院院长的光环，走到哪里都是人人围着自己转，可一旦创业后，突然发现自己谁都不是，还要苦恼发不出员工的工资。

但没过多久，余凯便在朋友圈晒出他与硅谷传奇风险投资家 Yuri Milner 的合影，并且成功拿到后者的投资。接着，地平线宣布 A + 轮融资成功拿到英特尔等机构超过 1 亿美元的融资，其中一个原因就是地平线与英特尔在 CES 2017 上联合发布了基于地平线 BPU 架构的高级辅助驾驶系统。

如今，地平线是中国唯一在世界四大汽车市场（美国、德国、日本和中国）与全球顶级代工厂和一级供应商建立合作伙伴关系的自动驾驶初创企业。地平线公司于 2018 年发布的两款芯片“征程”系列处理器和“旭日”系列处理器，已经大规模用于自动驾驶和 AIoT 边缘计算等领域，预计 2019 年内将在车规级计算平台和第三代芯片架构方面取得突破性进展。

2018 年遇到资本寒冬、国际形势变化，中国高科技公司在美国的行动多处受限，地平线的 B 轮融资也振奋了整个行业——地平线获得 SK 中国、SK Hynix 与数家车企及其旗下投资公司的融资。B 轮融资后，余凯接受新智元的采访并表示，汽车是未来机器人操作系统的具象化缩影，而地平线 B 轮融资以后最新的使命宣言，是做“边缘计算领域的英特尔”。

选择边缘计算是地平线从市场的重要性和空白点两个角度考虑做出的

差异化市场定位。目前，以谷歌、亚马逊等为代表的互联网巨头都是将云计算作为出发点和根据地。同样，传统芯片巨头交战最惨烈的战场，也是数据中心处理器。在如今的国际形势下，地平线押宝边缘计算逐渐成为当今国内自主研发芯片的主力军之一。

5.7 吴甘沙：驭势而行，一场“原力觉醒”的AI创业旅程

“知识分子要让他去革命的话，一定要触及他的根本利益，以此推理，外企的高管要出来创业也得触及他的根本利益。2016 年 7 月我搬到顺义，在中关村上班，于是开始了每天三个小时在上班路上的痛苦日子。所以，当有一天我的创业合作伙伴赵勇和我谈起自动驾驶时，我的内心一下子就原力觉醒了。”

在英特尔任职 16 年后，时任英特尔中国研究院院长的吴甘沙（见图 5.7）于 2016 年创立驭势科技，一头扎进自动驾驶的战场。

图 5.7 驭势科技联合创始人兼 CEO 吴甘沙

5.7.1　16 年英特尔研究生涯，被创业梦触动投身自动驾驶

2000 年，获得复旦大学硕士学位的吴甘沙，被英特尔纳入麾下，一待就是 16 年。此后，他参与并完成了包括受控执行环境、并行计算等方面很多英特尔内部的关键研究，涉及芯片架构、系统软件、编译器、多核 / 众核编程语言等多个领域。

2011 年，吴甘沙成为英特尔中国研究院（Intel Labs China）的第一位“首席工程师”，此后又当选英特尔中国研究院院长，从 2014 年开始布局 5G 通信、人工智能和机器人三大方向。其中研究院在人工智能和高情商服务机器人的交叉研究成果，于 2016 年取得世界情绪识别大赛（ACM-ICMI-EmotiW）的冠军。

创新机制是吴甘沙尤其关注的领域，他本人领导了英特尔技术战略长期规划的大数据部分（TSLRP-Big Data），同时致力于推动研究院与大学加强合作。吴甘沙认为，未来成就新巨头的路径，很可能是先从大学和科研机构里找到技术，然后有企业家精神的人对此进行产品化和商业化。

吴甘沙的创业梦想由来已久。早在 2001 年，吴甘沙就差点投身互联网，然而看着那浊浪滔天，他满是疑惑地留在了岸上。之后吴甘沙一步步做到了英特尔中国研究院院长，而世界也变得躁动起来。云计算、物联网、大数据、互联网金融、VR/AR，一波又一波的技术浪潮，但吴甘沙始终没有选择创业。

2015 年英特尔的一次高层领导力培训上，讲师的一席话让吴甘沙彻夜难眠：领导者的使命在于设计一个不确定的未来，没有人敢押注的未来。

世界有时候就那么奇妙，你很难知道哪些事情会突然触动到你。但一旦发生，它就会和过去的记忆发生奇妙的化学反应。对吴甘沙来说，内心真切感受到的痛点就是自动驾驶。

5.7.2 创立驭势科技，探索自动驾驶的中国道路

自动驾驶是一个“巨头博弈 + 赢家通吃”的市场。在自动驾驶产业的逐鹿名单中，有谷歌、百度、特斯拉、奔驰、宝马等，这些公司中最年轻的是特斯拉，2003 年成立。中科院复杂系统智能控制与管理国家重点实验室主任王飞跃说，这个市场存在莫顿所谓的马太效应，赢家通吃。自动驾驶未来只有几个大玩家。这似乎意味着，自动驾驶并不是创业公司应该进入的领域。

然而，吴甘沙于 2016 年 2 月创立了驭势科技，专注自动驾驶。事实上，公司创立三年多来，驭势科技在国内自动驾驶领域与同行相比显得有些“另类”，既不同于专注 L4 级的企业，也不同于专注低速限定场景企业，驭势科技选择切入 L3 级 / L4 级自动驾驶的多个场景，探索新的商业模式，有“自动驾驶界产品经理”之称。

在接受新智元采访时，吴甘沙提到做自动驾驶，很容易陷入两个误区：一个误区是硅谷范儿的“火箭派”，其理论依据是“既然无人驾驶是登月，那就造火箭。既然未来的大方向是出行，就一步到位做无人驾驶出租车的运营”。但即使是 Waymo 的 6.2 万辆车，获得数据的能力也是有限的，而且在二三十个城市里的干干净净的道路上跑，数据也不够丰富和多样化。这意味着，Waymo 的 L4 级商业化路径存在可扩展性的问题。另一个误区是过于务实的路径，从垂直细分做起，走农村包围城市路线。可是，在“火

箭派”眼里，这是“梯子派”：想登月，先造梯子，务实是务实，但未来的天花板太低。

吴甘沙分析了“火箭派”和“梯子派”两种路线的利弊，他的设想是：用火箭的技术造各种飞机，基于用飞机的钱和数据再来提升火箭技术。具体而言，是用基于 L4 级自动驾驶的技术，降维到具有确定边界的 L3 级 /L4 级商业化场景，大规模部署确定边界的 L3 级 / L4 级应用，获得现金流和大量数据后，进一步突破 L4 级自动驾驶。驭势科技形成了自己的方法论：任何一个垂直细分市场，真正要实现无人，其实都需要大量的研发投入，不可能多头并进，以创业公司的资源，顶多做一个。这样的选择有机会成本，所以必须精挑细选。在该方法论的指导下，驭势科技最后选择在无人驾驶物流拖车领域投入重兵。目前，驭势科技的物流拖车已经跟头部国际机场和保税港等大客户展开商业化合作。

2018 年，驭势科技同上汽通用五菱合作的宝骏 E200 智能泊车产品，成为国内首个全自动代客泊车商业项目，用户只要在手机 App 上选择一键停车，车辆就会自动寻找车位，完成停车后，自动熄火。驭势科技的商业模式也逐渐清晰，即吴甘沙称之为“铁人三项”的商业模式：上面是厚积薄发做好 L3 级和自动代客泊车，赚数据但不赚利润；下面是全力以赴做好区域无人物流的整体解决方案，赚利润重于数据。

2018 年下半年，“自动驾驶寒冬论”悄然兴起，在“2019 新智元 AI 技术峰会—— 智能云·芯世界”上，吴甘沙表示自动驾驶是“第二眼美女”，即自动驾驶的关键就是找到真实的需求，用真正无安全员的解决方案帮客户省钱。在低头赶路的同时，也要抬头看天。

5.8 宋继强：将英特尔打造成 AI 机器人的“黄埔军校”

宋继强（见图 5.8）博士毕业于南大计算机应用技术专业，2008 年加入英特尔公司，经过十余年的历练，现如今，宋继强已成为英特尔中国研究院院长，正致力于推动基于英特尔技术的人工智能、个人机器人交互和智能基础设施研究。

图 5.8 英特尔中国研究院院长宋继强

对于如何做好一个研究院，宋继强有自己的看法，他认为至少要具备三个条件：首先，有能力把人才吸引进来；其次，为人才提供好的环境，给他自由的空间发挥想象力并执行下去；最后，把想法变成现实，看到技术带来的实际结果，产生价值。

在“2017 新智元开源 · 生态 AI 技术峰会”上，宋继强作为大会联合主办方代表，发表了题为“释放 IA 原力，拥抱 AI 时代”的演讲。宋继强认为，人工智能目前已经到了一个转折点，要将这股热潮继续下去，而非再次陷入 AI 冬天，需要将技术升级真正落到产业里，只有产业才能把技术真正推动下去，而要实现这一点，携手合作打造生态至关重要。

在新智元对宋继强的独家专访中，他提到了英特尔中国研究院最令他自豪的三项人工智能研究：计算机视觉、环境物体识别和自适应人机交互。

宋继强认为，英特尔中国研究院很适时地赶上了 AI 浪潮。3 年前，他们做计算机视觉的研究时，就已经开始去钻研深度学习这一技术方向，而且取得了不错的成果。

第二项研究是从视觉理解扩展而来的物体识别、环境理解等领域。例如，平安城市里的数字监控系统，就需要理解这个场景里发生了什么，理解除人脸之外的其他物体。

第三项跟人工智能相关的就是涉及人机交互的服务机器人。人工智能应用实际上是针对某些具体的需求再训练一些能力，通常不能保证百分之百可靠，特别是在遇到一些新场景或者一些不太好的视角时，置信度并不是很高。但是，在产品级应用中，必须提供一致的用户体验，不能因为看不清就不做。对此，英特尔将 AI 技术和人机交互放在一起来弥补 AI 的不足。

对于英特尔的未来，宋继强也有很多期待，他表示：“对于英特尔来说，我们的目的是成为未来机器人技术 / 智能自主设备的‘黄埔军校’。”

如今的 AI 计算迈入了超异构时代，需求也与三年前大有不同。与此同时，作为老牌芯片厂商的英特尔正在寻求转型，渴望紧握数据红利，释放数据价值。而在这方面，身为英特尔中国研究院院长的宋继强也根据现实情况做出了思考——什么才是 AI 计算未来 10 年甚至 50 年发展的主要驱动力？

硬件基础只是 AI 生态中的一个环节，但是以数据为中心的未来还需要更完整的系统思考，单一因素已经不足以满足多元化的未来计算需求。

宋继强认为超异构计算需要拥有三大要素：首先要有多种架构、不同种类、不同功能的芯片；其次，要利用好在多个生产工艺节点上已经充分验证的高性价比芯片；最后，需要统一的异构计算软件来让开发人员更好地对其进行利用。

从英特尔的角度看，AI 需要六个不同的技术支柱来应对未来的数据多样化、数据量爆发式增长，还有处理方式的多样性。这六大技术支柱是：工艺制程和封装、架构、内存和存储、互连、安全、软件，它们是相互关联、紧密耦合的。

对于迈入超异构时代将给英特尔带来怎样的转变，宋继强认为这六大技术支柱会带来指数级的创新，也是英特尔未来 10 年甚至 50 年发展的主要驱动力。

第六章

新中国成立 100 年，开启 AI 新万象

当前人类正处于这样一个节点：由于人工智能的出现及应用，我们第一次看到了构建“机器意识”的可能。近年来，“AI 落地与产业化”成为热词。随着越来越多智能应用的出现，智慧机器将不再只是单纯的机械，而是能与人交互、对环境做出响应的机器，它们将逐渐深入我们的生活。

虽然可能没有意识到，但我们在使用智能手机的时候，已经用到了许多 AI 技术，包括计算机视觉、自然语言处理等。这些技术的发展，让机器能够“感知”世界，拥有“看”“听”乃至“说”的能力。人工智能、5G、物联网……世界正朝着“万物互联，人机共生”的方向发展。在这个发展过程中，有一点是确定的：“万物互联，人机共生”将带来美好的世界。

但是，我们仍有很多问题要问：人工智能发展到了什么程度？未来哪些工作将被人工智能取代？我们需要警惕人工智能吗？中国将在全球人工智能发展中处于什么位置？

2049 年，是中华人民共和国成立 100 周年，发展科技、提高自主创新能力是实现中华民族伟大复兴的关键，人工智能是其中的核心技术之一。未来 30 年，人工智能将面临无数突破点，也将给我国社会生活的方方面面带来翻天覆地的变化。

在本书最后一章，让我们再前瞻 30 年，邀请人工智能领域知名学术专家和产业界领军人物来共同探讨我们关心的人工智能焦点问题：人工智能会如何增强人类已有的能力？人工智能会如何创建一个万物互联的新世界？中国是否会引领全球人工智能的发展？

针对“2049 年人工智能未来展望”这一主题，来自清华大学、中国科学院等高校和研究院所的研究人员和产业界精英一起对人工智能相关的技术驱动力、关键性突破、类脑计算、脑机结合、智能助理以及 AI 技术在医疗、金融、能源、安防、自动驾驶方面的应用等问题进行了讨论。从“人工智能改变人类”“人工智能改变世界”“人工智能改变中国”三个角度，对 2049 年中国人工智能的发展情况做出十大预测。

本章 12 位受采访专家名单如下（排名不分先后）。

梅宏：中国科学院院士，中国人民解放军军事科学院副院长

段树民：中国科学院院士，神经生物学家，长期从事神经生物学研究

张勤：中国科学技术协会原党组副书记、副主席，国际核能院院士，中国人工智能学会不确定性人工智能专业委员会主任

史忠植：中国科学院计算所研究员，博士生导师。长期从事智能科学、认知科学等方面的研究

孙茂松：清华大学计算机科学与技术系教授，清华大学人工智能研究院常务副院长，清华大学计算机科学与技术学位评定分委员会主席

刘知远：清华大学计算机科学与技术系副教授，从事知识图谱与语义计算、社会计算与计算社会科学等方向的研究

王成录：华为消费者BG软件部总裁

李世鹏：科大讯飞副总裁，讯飞 AI 研究院联席院长

周伯文：京东集团副总裁，京东人工智能事业部总裁，京东人工智能研究院院长

邵洋：华为消费者 BG 首席战略官

吴甘沙：驭势科技联合创始人、董事长、CEO

张越：中央电视台《机智过人》节目制片人

6.1 2049 年，脑机融合是否将拓展人类认知边界

如何将计算机和人类结合起来以增强人类已有的能力，是我们目前面临的一项重大挑战。在过去的 20 年里，“智能增强”作为“模仿人类的 AI”对人类活动进行了补充，在工业和学术领域都取得了重大进展。计算和数据被用于增强人类智力和创造力；搜索引擎被视为智能增强的一个例子，因为它可以增强人类对事实知识的记忆；机器翻译也是智能增强的一个例子，它可以增强人类的沟通能力；基于深度学习的声音和图像生成技术则增强了艺术家调色和创造的能力。未来，人工智能将与人类合作，通过帮助人类和增强人类能力的方式增加社会福利，提高人类的生活水平和生产力，让每个人的生活更美好。

埃隆·马斯克（Elon Musk）的脑机接口公司 Neuralink 最近宣布找到了高效实现脑机接口（Brain-Computer Interface，BCI）的方法。该公司开发了一台“神经外科机器人”，向生物大脑中植入被称为“线”的定制芯片，然后可以直接通过 USB-C 接口读取大脑信号，甚至可以通过手机应用程序对外部进行控制。Neuralink 公司已开始在老鼠身上进行测试，并与加州大学戴维斯分校合作用猴子做实验。马斯克称现在已实现让猴子通过大脑来控制计算机。这些技术最终可以被用于在瘫痪的病人体内植入芯片，让病人能够用自己的大脑控制手机或计算机。

另外，Facebook 和加州大学旧金山分校的研究人员正在通过 BCI 计划，试图构建一种非侵入性可穿戴设备，该设备能让人通过默想自己要说的话来打字。到目前为止，该团队已经实现了两项突破：一是通过解码脑

电波并使用深度学习方法直接从大脑信号中合成口语句子；二是通过植入电极，实时准确地从大脑信号解码出佩戴设备的人听到和说出的话，将其转换成文字。这一研究最终可能被应用于对话环境中的实时语音解码，对那些无法说话的患者来说意义重大。

那么，到 2049 年，认知科学是否会有大的突破呢？对生物大脑的研究，是否会影响人工智能的研究？人工智能在哪些方面会增强人类的能力？**王成录**、**段树民**、**李世鹏**、**梅宏**等专家为我们进行了解答。

新智元专访了**王成录**。**王成录**说，人工智能技术是一种通用技术，是可能改变人类社会所有行业的一种基础技术，并且已经在许多领域发挥了巨大作用。从这个角度看，**王成录**表示对人工智能未来的发展是很乐观的，认为它的发展空间非常大，跟其他各种学科交叉起来，将会发挥越来越大的作用。

王成录认为人工智能在目前阶段面临的一个非常大的挑战是，AI 无法根据条件的变化，自适应改变自己的运算规则。AI 现阶段基本上是依赖数学算法和计算机来做运算，本质上还是一个计算机和数学运算相结合的技术。谈到脑科学，**王成录**认为 2049 年脑科学有很大突破的可能性不大。把大脑的完整运作机制都搞得非常清楚，让机器像大脑一样去思考，至少在 2049 年还几乎不可能实现。

段树民谈道，现在人类对大脑的认知在微观和宏观两个层面已经研究得比较清楚了。从微观层面看，按照还原论的观点，神秘复杂的脑功能都可以通过分子细胞层面来分析解释，而过去 100 多年，科学家从分子细胞水平来解析脑的活动机理，基本上对脑神经细胞水平的信息加工已经了解得很清楚了；从宏观层面看，皮层、脑干等各个脑区负责的功能（比如我们的语言、听觉、视觉加工、味觉、运动等），目前也比较清楚了。

目前尚未研究清楚的是介于微观和宏观之间的中间环节，神经科学上称为神经环路，人工智能上称为神经网络。对神经环路的解析是一个难点，也是一个关键点。从解剖形态到解析功能，从简单到复杂，从小动物到人，很多神经元在一起为执行一个功能形成了一个功能网络。信息在其中传递处理的过程，可能是成千上万甚至上亿个神经元连接在一起活动产生的。但这其中一个神经元和多少神经元连接，连接点在哪儿，机制如何实现，网络如何运转，还不是很清楚。

对于人工智能和脑科学融合的研究，**段树民**认为智能和脑二者要综合考虑，因为这是一个交叉融合的学科。目前大家也都意识到它们应该是关联的，也应该是比较重要的，但是真正要交叉研究，相对来说并不容易。需要研究脑科学和研究人工智能的人一起相互了解，找到共同语言，再一起找到共同感兴趣的问题。

李世鹏表示，很难估计 2049 年时科技发展的程度，在很大程度上它可能超过我们今天所有的想象。他提到，人类科技发展史一直在以一个很快的加速度非线性发展。未来 30 年，人类绝对会对人脑的认知有重大突破，不一定和人工智能有关，但一定和我们的知识获取、认知、判断、解决问题、创新、创作等人类后天需要学习的技能有关，比如会研发新的教育系统、新的培训系统等，以唤醒人类自身的潜能为目标。**李世鹏**表示，他个人比较反对任何在人身上植入人造器件来增强某一方面功能的做法，毕竟遵守自然法则是首位原则，但不反对用此类器件来协助残障人群康复。

梅宏在接受央视《机智过人》栏目采访时表示：任何科学上的突破都是科学家们所期盼的，他们也一直在为之而努力，但在一个30年的跨度上要预测有没有突破还是一件很困难的事情。只能说，未来的30年会不断有突破，但这些“突破”是什么程度上的突破，现在还难以预知。大脑工作机制的研究一直是人类研究的重点之一，然而直到现在，我们仍然无法说对大脑已经有全面清晰的认知。**梅宏**认为大脑的研究是一个涉及生物、物理、信息等多学科的综合性研究，而研究的突破有赖于其他相关科学的进步和突破，因此，这必定是一个长期的循序渐进的过程。

随着成像技术分辨率的提高，人类已经可以发现大脑中的放电神经元，运用光脉冲可以探明大脑内的细胞活动是如何影响行为的，使用高分辨率成像技术还可以观察大脑如何在人体内实现结构上和功能上的连接。但实际上，人类目前研究大脑的技术还很有限。对于更复杂的人类意识和思想，目前没有任何科学仪器可以去探索或者追踪，人类的大脑仍然是科学界的最大谜团之一。因此有人对该研究持怀疑态度——以目前的技术还未能完全实现大脑图谱研究的目标。由此可见，开发神经科学的研究技术和工具仍是重要课题。我国也正在论证启动脑科学与类脑计算的重大研究计划。

对生物大脑的研究会促进人工智能仿生模型的研究。例如，近年来比较受追捧的深度神经网络，其基础模型也是源于人们对脑神经元的认知和模拟。我们已经熟知的深度学习中的神经网络的基础构件——神经元模型，其本身的灵感就来源于神经元细胞的工作方式。国家重大科技专项——中国“脑计划”（即脑科学与类脑科学研究）中类脑科学的研究就是探索模仿大脑生物神经系统的结构与工作原理，以此来推动人工智能研究的进程。从历史经验看，对生物机理的研究带给人们的更多的是思考，而不一定是直接的模仿。例如，飞机的发明源于人们对于鸟类飞翔的思考，但最终人们并没有以直接模仿鸟类飞翔的方式制造飞机。

人工智能的基础是计算机的运算和存储能力，从目前的发展情况看，它对人类能力的增强也体现在相关方面。例如，人工智能在图像识别、人脸识别方面取得了一些进展，这种进展与计算机的运算能力和存储能力相结合，使得人们在大量图片 / 照片中寻找某个或某类图片 / 照片的能力大大增强。所以，不能把人工智能和相关的计算机技术分割开来（实际上，长期以来，人工智能都被视为计算技术的一个分支学科），而是应该把包括人工智能技术在内的信息科学技术整合起来，帮助人们做更多的事情。

6.2 2049 年，人工智能是否将逐渐掌握智能主权

“人工智能威胁论”是一个经久不衰的主题，人类受机器威胁、机器人统治世界等观点通过科幻小说、电影等面向大众的形式被广为传播。甚至包括霍金、马斯克等人在内的若干著名科学家和企业家也是人工智能威胁论的信奉者。

霍金认为，人类需警惕人工智能的发展威胁，因为人工智能一旦脱离束缚，以不断加速的状态重新设计自身，人类将无法与之竞争，从而被取代。霍金多次警告世人，人类需要关注人工智能的深远影响，当人工智能在程序设计领域变得比人类更优秀，以至于它可以在没有人类帮助的情况

下递归地进行自我改进时，我们可能会面临一场智能爆炸，最终导致机器的智能远远超出人类。

那么，30 年后的人工智能将发展到什么程度？人工智能有可能取代人类掌握未来的智能主权吗？我们需要警惕 AI 吗？

在接受新智元采访时，**邵洋**表示：AI 是从仿人开始的，现在做的是增强人类、帮助人类的事。但是大家有个担心，会不会有一天 AI 以帮助人类的名义取代人类？目前 AI 技术发展没有明确的规范，所以大家会基于自己想象中可能帮到人类的方式去构筑 AI 的各种能力。构筑能力的过程不完全是基于大数据来完成的，因为人类的学习过程并不是基于大数据的。一个孩子可以从很有限的数据中学习到同样的知识，更多是通过抽象建模的方式学习。**邵洋**认为 AI 将会很快突破限制。但从另一个角度来说，现在更需要的是同步甚至提前限制。只有在尽快识别出 AI 对人类可能产生的危害，并及时对其加以限制的情况下，AI 才有可能持续地良性发展。

目前，人类处于智能的最高层，那么未来会不会有一个临界点，超出这个临界点之后 AI 可能会掌握智能主权，甚至对人类形成威胁？如果未来 AI 掌握了智能主权，那么我们应该怎样保障人类的安全？

邵洋的回答是：我们经常将人工智能跟人类比较，有时候通过棋类来比较，有时候通过知识来比较，但是在很多领域其实人工智能已经超过了人类。比如人工智能现在听声音的能力可能比人类听声音的能力要强，很多模糊的声音人类听不到，人工智能能听到；人工智能写文章的效率，也远远超过人类写文章的效率。

人工智能超过哪个点之后，就会对人产生危害，这一点可能并不明确。

邵洋认为这需要有人去研究，也许是从伦理学、社会学等领域及早地去研究。他举了其他一些技术的例子，如核武器。核武器很早就被研究出来了，也很早就被限制在特定的国家，并限制在相应的数量，而且还发展出限制核武器的一些公约。再如基因学，也很早就做了一些限制，特别是对人类基因的克隆进行了限制，比如人造人就属于一个禁忌。很多相关的问题还没有突破，但肯定已有人在进行研究。

邵洋说："我觉得大家可能还是太低估人工智能了，认为它离对人类产生危害还早。对于其他的危害，你预期到它发生危害之前，就可以把它限制住。因为它可能要么是一个突发性的局部灾难，比如美国向日本广岛投放原子弹；要么是一个很漫长的过程。但 AI 不是漫长的事情，它是指数级地往前走的，所以这 10 年没有问题，不代表下一个 10 年没有问题。等发现它有问题，再来阻止这件事情时，可能就限制不住了。我觉得最需要去研究这个问题的就是中国，因为中国的人口最多，试错成本是最高的。"

李世鹏认为，任何科技的进步都有两面性。人工智能也不例外。他特别强调，目前我们考虑的仅仅是人工智能本身可能带来的威胁，而没有充分考虑人工智能对整个社会生态的影响。按照目前人工智能的发展速度，30 年后很可能会出现人造的超级智能，它和我们人类一样具有推理、思考的能力，如果你想赋予人工智能情感、价值观、艺术创作能力，也是可以实现的。其实今天我们已经看到了，很多以前人类的简单重复性工作已经被人工智能所取代。这里其实有一个很深的哲学问题：人类到底为什么生存？也许在未来 30 年人工智能领域中会出现很多被禁止或者被限制的应用。很多人类自己发明的大规模杀伤武器也许会给我们一些启发。不管科技如何发展，最终的使用甚至滥用都是人类自己决定的。**李世鹏**比较赞同的一个观点是，无论何时何地，人类都身处人工智能的回路里。无论如何，30 年后人工智能都会给我们的生活方式带来不可逆转的巨大变化。

张越在接受新智元采访时说："我自己对人工智能的看法还是挺积极的，人工智能带给了我们无限的可能。所以从目前来看，人工智能更多的还是赋予人类更强的能力。实际上，现在还远达不到所谓的人机共存。目前还是人类在使用人工智能，在这样的一个大的前提下，我对人工智能的看法还是相对积极的。"

张越认为技术从来都是需要警惕的，就像原子弹诞生之后，出台了各种防止滥用原子弹的条约和约定。实际上人类是不可能阻止历史前进的步伐的，技术并不会以个人的意愿为转移而停止前进，但我们可以制定各种规则去约束它。人工智能并不会因为人类不想让它怎样就会不发展。

段树民认为，在某些方面，如计算、下棋，人工智能比人脑做得好，但综合来看，人工智能在短期内不会超过人脑。像自我意识、情感、艺术创造，甚至让机器人模拟人类打乒乓球、打网球等需要协调性的运动，这些对人类来说比较简单的事情，对人工智能机器人来说还比较困难。

梅宏对人工智能的看法也很积极。从科学的角度来看，现在就讨论人工智能会不会掌握所谓的未来"智能主权"或者会不会"毁灭人类"，他认为其实大可不必，因为人工智能技术的发展还远远达不到人们想象的程度。不仅是当前，在未来很长的一段时间之内，人工智能可能都不具备取代人类"智能主权"的能力。无论未来 30 年会发展到什么程度，人工智能也不可能取代人类的创造性劳动，更不用说毁灭人类或是取代人类的"智能主权”。目前，主流人工智能学术界致力于研究受到人类智能行为启发的“智能工具”（被称为“弱人工智能”），而并不是去“创造”拥有“自主意识”的智能机器（被称为“强人工智能”）。目前，我们取得巨大成功的技术都来自“弱人工智能”。用国际人工智能联合会议前主席、牛津大学教授伍尔德里奇的话来说，强人工智能“几乎没有进展”，甚至“几乎没有严肃的活动”。所有的人工智能算法都是人类科学家、工程师设计的，这些算法都是以数学、计算机科学为基础，科学家了解它们的行为上限，所以大众不必担心，至少在我们能预见的时间之内，不必担心人工智能侵犯人类的所谓“智能主权”。

至于人工智能会不会给人们原本的生活带来所谓的“威胁”，或者要不要“警惕”AI，这要看人们怎么理解“威胁”的存在，并要看人们怎么使用这些技术。例如，当前的声音合成技术越来越接近人类真实的声音，如果人类不能很好地利用这项技术，而是将它用于非法的领域，那么对人类原本的正常生活秩序就是一种威胁；但如果能善用之，那就不是一种威胁。所以，关键还在于人类如何利用信息技术的发展成果。当然，对科技工作者而言，应该坚守科研伦理，坚持科技向善的理念。科技发展应该服务于人类社会的发展，科技研发的基本出发点应该是以人为本。

6.3 2049 年，人类社会伦理是否面临人工智能挑战

人工智能带来了一系列令人惊叹的技术创新，如生成足以以假乱真的

人脸图像、驱动自动驾驶汽车、协助司法决策等，正如中国工程院院士郑南宁所说："人工智能模糊了物理现实、数据和个体之间的界限，同时也带来了复杂的道德、法律、伦理和安全问题，而解决这些问题是一项全球性任务。"

近年来，全球各国都在试图面对人工智能可能带来的社会伦理挑战。2019 年 4 月，欧盟发布了《人工智能伦理准则》，列出了"可信赖人工智能"的 7 个关键条件——人的能动性和监督能力、安全性、隐私数据管理、透明度、包容性、社会福祉、问责机制，以确保人工智能足够安全可靠。根据这些准则，算法做出的任何决定都必须经过验证和解释。

我国也没有回避这一挑战性问题，国家新一代人工智能治理专业委员会 2019 年 6 月发布了《新一代人工智能治理原则——发展负责任的人工智能》，提出和谐友好、公平公正、包容共享、尊重隐私、安全可控、共担责任、开放协作、敏捷治理八项原则。

那么，人工智能未来会带来哪些伦理挑战？我们怎样才能够实现可信赖、负责任的"善意 AI"？新智元就此采访了多位专家。

周伯文在接受新智元采访时表示，说到伦理，我们要关注的不仅仅是"不做错事"，更要关心"多做好事"。这或许就是实现"善意 AI"的前提：我们今天研究人工智能、发展这项技术，我们的"初心"一定是以"为增进人类福祉"为基本目标。如果说，AI 的起源是为了模仿人的能力，AI 的终极目标则是为了服务于人。

技术是把双刃剑，越是强大的技术，在带来巨大红利的同时，越会暗含着巨大的责任。这就需要我们在发展的同时，做好对风险的预测、判别与预防掌控。对企业而言，在人工智能的创新生态中加入伦理性研究，让伦理成为技术信任的起点，让技术与伦理互相支撑着发展，将风险控制在设计之初，应该是一种很好的应对方式。只有建立完善的人工智能伦理规范，处理好机器与人的关系，才能更好地让技术造福人类。伦理问题是大家讨论得比较热闹的一个问题，包括霍金也担心人工智能机器人今后会奴役人类。**张勤**在接受采访时认为，真正的通用人工智能目前是一个不存在的问题。现在的人工智能算法都是人编写好的，让机器做什么它就做什么。它没有主动性、创造性。即使机器人写代码，也不会写出任何创造性算法，只是按照人类编写的算法来写，按照人类指定的学习方法来学习。所以要说伦理，归根到底是创造出机器人的人本身的伦理，机器本身不能思考，它只能计算，至少是目前是这样。那么到了什么时候，这个问题才有可能真正成为一个真命题，而不是个伪命题呢？至少是等到把人的大脑，或至少是生物的大脑、生物的神经元等搞清楚，而这些方面的研究现在还没见到曙光。

周伯文还是国家新一代人工智能治理专业委员会的委员，他认为针对人工智能发展牵涉全人类福祉的问题，我们必须看到它的社会价值部分，而不仅仅是商业前景。因此在应对风险这方面，我们还需要全球化的共识与协作。2019 年 5 月 25 日，《人工智能北京共识》发布，针对研发、使用和治理三个方面，提出了各个参与方应遵循的有益于人类命运共同体的 15 条原则。这些都为实现“善意 AI”提供了有效的基础。

梅宏谈到人工智能对人类伦理的挑战时，举了我们身边的例子：在自动驾驶时，如果自动驾驶汽车出事故了，应该如何追责，是应该归责于使用自动驾驶技术的人，或是应该归责于使用自动驾驶技术的厂商，还是归责于支持自动驾驶的人工智能技术？随着人工智能技术的发展，的确会有新的伦理问题产生。再比如，我们在城市里安装摄像头，通过摄像头来检测乱闯红灯的行人就涉及个人隐私的问题。一方面，个人通过对隐私权的部分让渡，换来了更加平安的社会，这种方式具有一定的社会价值（我国大城市的犯罪率大幅度下降，跟摄像头的普遍安装应该有紧密关系）。另一方面，政府必须对收集到的信息加强管理，不能被人滥用。以上问题的确涉及了人与人相处时原有的行为准则。

技术的发展会影响和改变人们原有的生活和交往方式，这是一个必然规律，是人类在发展过程中必然会遇到的。例如，互联网技术就深刻改变了人们的生活和交往方式。人们应该客观地看待这个问题，既不能因此而忌惮科技的发展，也不能任凭这些问题发生。我们应该积极推动相关法律、法规的研究和制定，将更多的问题及时地从“道德标准”的范畴过渡到“法制标准”的范畴。

至于所谓的“善意 AI”，这更多地取决于人们如何利用 AI 技术，把先进的 AI 技术应用于造福人类的领域。同时，应该推动相应的伦理准则或公约的制定，让人们在发展或应用 AI 技术时有统一的规范。

邵洋则提出，AI 向善的一个很大的风险是它可能变成分裂人类的武器，它应该是普惠性的向善，而不是独特性的向善。这种向善应该是所有人都能够简单地、低成本地获取，而不能是被少数人垄断的。如果开始出现两极化的趋势，比如未来有一批人可以独享 AI，另一批人不可以，那么这两类人就会产生分歧。

所以 AI 首先应该能低成本获取，**邵洋**预测这样发展下去，人类应用 AI 会有一个很甜蜜的过程。在甜蜜期如果不能够把它约束住，可能就会进入一个痛苦期。

6.4 2049 年，摩尔定律质变能否引发智能革命

人工智能的进步离不开计算能力，而几十年来，计算机硬件的进步背后有一条金科玉律，即摩尔定律。摩尔定律表明：每隔 18~24 个月，集成电路上可容纳的元器件数目便会增加一倍，芯片的性能也会随之翻一番。

然而，摩尔定律指出的发展趋势正在变缓，甚至接近极限，芯片的性能遭遇了能效比瓶颈，不再遵循摩尔定律指出的指数提升规律。于是，人工智能领域不得不寻找新的创新路径，开发如神经形态芯片、类脑芯片、光子芯片等，或基于现有技术以架构创新、算法优化等方式推动计算性能的提升。

那么，未来 30 年，芯片的摩尔定律会彻底失效吗？到时人工智能的基础设施将出现哪些变化？中国是否将在新的智能硬件生态中立足和领先？带着这样的疑惑，新智元采访了**李世鹏**、**梅宏**、**张勤**和**王成录**四位专家。

李世鹏表示，30 年太久，真的很难预测会发生什么。也许 10 年之后就有后代在问：什么是摩尔定律？30 年之后，我们所使用的硬件也许早就不是今天基于硅片的集成电路，也许是培育的生物计算机，也许是化学计算机，也许是量子计算机。人工智能的计算也许只是简单的生化反应。中国在 30 年后能否在智能硬件生态中立足和领先，也许取决于现在我们在基础研究（包括数学、物理、化学、生物、电子等方面）上有没有足够多的投资和人才培养。目前，企业和政府在人工智能技术和应用上已有大量投资，但深度学习在人工智能的发展历程上也许只是昙花一现，且很快也注定会被其他技术所取代。我们需要思考的是，如果这一天真的到来，我们在哪里，或者说我们想在哪里。

梅宏认为，摩尔定律是一段时间内半导体行业发展历史的统计规律。摩尔定律本身并不能反映半导体行业发展速率的内在动因。近年来，基础物理领域的发展速度趋缓，半导体材料的利用率越来越趋近我们当前物理研究水平认知的上限。如果不能在物理尤其是量子物理领域获得大的突破，那么摩尔定律将有较大概率会失效。

当前，人工智能的基础设施仍然主要依赖于传统的大规模集成电路芯片。然而，随着集成电路的工艺制程降低到 10nm 以内，量子的干扰效应越来越明显。在宏观上就表现为芯片功耗的大幅度增加、错误率的控制越来越困难，这使得单一提高芯片的主频已经变得极不经济，设计难度也将越来越大。然而，伴随着人类数据的不断积累，需要人工智能算法学习的数据会越来越多，未来需要计算资源的场景也会越来越多，综合的计算量也会越来越大。当前，人们主要依靠并行计算来应对这些计算需求，但同时，对于新型计算原理和新型计算芯片的研究也正在展开。例如，各国科学家对于量子芯片的研究都投入了不少力量。可以推测，在未来一定会有新的计算模型和计算芯片推出，这些新型产品可能是先专用，再逐步追求通用。

关于我国是否将在新的智能硬件生态中立足和领先，**梅宏**认为必须以此为目标。按照目前我国的发展态势，要实现民族复兴，由大变强，成为科技强国，就要实现信息技术若干领域的领先。计算硬件资源是信息技术中不可缺少的重要部分，我国应该要追求其在生态上的引领地位。

张勤认为，从硬件方面来讲，摩尔定律总有一天要失效，这是物理学的事情，有不确定性，还不能预测。本来早就预测它要失效了——因为一旦进入到电子衍射，光刻就分不清了，这个时候就应该要失效，但是新技术又突破了壁垒，所以说目前摩尔定律依然有效。摩尔定律只是解决了计算机的计算能力问题，它反映在计算能力上就是把算法固化到芯片里面，用硬件来代替计算机 CPU 进行计算。但是不能认为所有的 AI 问题都可以通过芯片的改进解决。

王成录表示，他对未来 10 年摩尔定律的有效性持乐观的态度，认为还会这样发展下去，因为整个人类的创造力、科技的进步、材料学的进步、工艺的进步和产业的投入等，会解决我们现在看来很难解决的问题。

未来 30 年，我国的软硬件生态能不能在世界上领先？**王成录**是这么说的：让我们看看人类利用能源的历史，人类在几十年前就担心石油用完了人类就没有能源可用了，但事实并不是这样。随着人类科技的进步，不断有新的石油矿藏被探测到，原来我们无法利用的能源也能利用起来，比如页岩气、可燃冰等。摩尔定律也是一样，从 7nm 到 5nm、3nm，再到 3D 工艺制程的成熟，他认为沿着这条路走仍然会持续进步。

王成录认为，我国在人工智能相关领域中，不应太浮躁。他说：现阶段我国 ICT 领域的创新大部分都集中在应用层面，这不是说不对，在应用层面我国已经领先世界上其他所有国家，这是非常棒的事情。

但是同时，我国在基础技术上的投入是严重不足的。例如，在最核心的四类基础软件上，我国乏善可陈。第一个是操作系统，第二个是数据库，第三个是编译器，第四个是编程语言。这样我国很难真正拥有自己的软件生态，因为生产工具是别人的，生产原材料是别人的，我们等于只是做了一个组装，那么当人家的工具一变或者工具不发展了，我们就得学着使用新工具。软件这个领域，我国的产业界、学术界的人才要聚集起来，把这个底座打好。我们一旦有了自己的操作系统，有了自己的数据库，有了自己的编译器和编程语言，整个软件的生产资料、生产工具就全都是我们的，这个时候才能说真正有了发展长久生态的基础，否则就是天天移植别人的生态，把我们大部分的宝贵人力都耗费在这种移植的工作上。

王成录表示，硬件生态方面，华为的海思应该是走在了前面。这是最难的一条路，但这条路一旦走通了，就会是我们未来健康发展的永久基础。我国要想在未来人工智能领域有一席之地、在服务中国产业的同时引领世界的发展，一定要加强这方面的投入，因为它带来的将是长久竞争力的提升。

6.5 2049 年，通用人工智能能否突破或加速来临

当前人工智能领域取得的突破，大多是在特定领域的特定任务上的突破，如 AlphaGo 在围棋比赛中战胜人类冠军，人工智能程序在大规模图像识别任务中超越了人类的水平，人工智能系统诊断皮肤癌达到专业医生水平等。可以说，在局部智能水平的单项测试中，人工智能可以超越人类智能。

但通用人工智能尚处于起步阶段。通用人工智能也被称为“强人工智能”，是指达到人类水平的、能够自适应地应对外界环境挑战的、具有自我意识的人工智能。人的大脑是一个通用的智能系统，能举一反三、融会贯通，可进行判断、推理、学习、思考、规划、设计等，可谓“一脑万用”。真正意义上完备的人工智能系统应该是一个通用的智能系统。因此，在通用人工智能的实现上，我们还有很长的路要走。

那么，到 2049 年，我们是否将离通用人工智能更近？实现通用人工智能需要在哪些科学领域有所突破？通往通用人工智能之路最重要的是什么？带着这些问题，新智元采访了多位专家，他们都提出了自己的见解。

史忠植在 2013 年获得吴文俊人工智能科学技术成就奖时，就提出了所谓的智能科学发展路线图，到 2050 年，智能科学有望发展出神经形态计算机，实现超脑计算。未来，通过纳米技术将可以制造出模拟神经形态的芯片，该芯片具有心智计算能力，从而可实现通用人工智能。

目前的人工智能系统基本上是解决某一个问题，将来我们还是希望有一个所谓的通用人工智能系统，像人脑那样可以根据需要、根据不同的目的，用同样的一整套系统解决问题，就像人脑使我们既可以做数学家，也可以做化学家、物理学家。

"强人工智能"到 2049 年能不能被研究出来，难以预料。在通往这个目标的道路上，会面临很多难以克服的困难和挑战。**孙茂松**认为，这取决于若干重要因素。

第一，脑科学会有什么突破，脑科学的研究能否给人工智能带来足够多的启示。虽然历史上人工智能的发展从脑科学中受益有限，但强人工智能的研究依赖脑科学的研究成果，则是毫无疑问的。

第二，不管强人工智能的发展需要依赖多少支持条件，其中有一个条件是绝对离不开的，这就是需要形式化的人类知识体系作为支持。但很可惜，这个知识体系目前并不存在。虽然已经有号称规模巨大的知识图谱，但稍加考察就会发现，它所包含的知识，无论是在广度上还是在深度上，都还是比较肤浅的。没有形式化的人类知识体系，机器推理就难以实现，人工智能的可解释性和健壮性都无从谈起。而要建成这个知识体系，需要有深远眼光和大格局的学者，带领一批人，进行持之以恒的资源建设工作。同时，需要相当长期的、稳定的经费投入，才有做出来的可能（也存在着做不出来的风险）。但非常可惜，很多国家的政府都不太愿意支持这种长周期、带有一定风险性的资源建设工作。

第三，要看有没有更具创意的算法，能够把上述重要因素更有效地融合起来。

孙茂松强调，目前来看，我们应该先集中力量研究、解决这些比较现实的科学问题，然后才有条件讨论强人工智能的问题。否则，坐而论道，未免流于空谈。

可以设想，如果有朝一日“强人工智能”真的研究出来了，机器智能就真的有可能超越人类智能，这将是世界进化史上的一个断代式的质变。**孙茂松**不相信这种质变会来得这么容易，这应该是一个很漫长的过程。所以，他认为到 2049 年，还不太可能出现强人工智能。

刘知远认为，人工智能的发展是一个渐变的过程，计算机不一定能全面超越人类。现在，计算机在一个专项（比如围棋）上可以做得更好、更快、更有力，但对于像人类一样的通用智能，他表示并不乐观。

刘知远表示，技术进步永远在发生。一开始，computer 这个词不是指计算机，而是指专门做计算的人。现在，有了计算机，这个行业就消失了。他的感觉是技术本身没有偏好。一个工种的消失，从整个人类的发展进程来看，是人类不断从机械劳动中被解放出来的结果。扫地机器人把人类从扫地中解放出来，搜索引擎让我们可以不去图书馆找书了，Excel 帮助我们从事统计工作。计算机把人类从机械的劳动中解放出来，让人类可以去做对得起“智能”这个词的事情。它确实会导致一些人失业，但也会创造新的就业机会。那为什么不能是更多的人去学习 AI，去学怎么造更智能的计算机呢？这个问题其实是可以通过政府和社会来调配的。**刘知远**觉得 AI 是没有任何情感和意识的系统，可以带来更多的公正和平衡。

例如，法律上有不少同案不同判的问题。在不同的地方，判决结果会有偏差，这就是人类做法官不可避免的问题。如果我们有了全国统一的法官计算机助手，统一处理，就有希望实现更公平的判决。同样，在医疗领域，很多小地方十分缺医生。医生没有积累太多的病例，经验不足，所以患者都到大城市看病，这就会导致看病难。那么，如果有了医生计算机助手，人们就能更好地解决健康问题。**刘知远**认为技术没有先天性的好或者坏，完全看人类怎么用它。

李世鹏对通用人工智能的态度并不积极，他提出了质疑：2049 年，通用人工智能也许会到来，但可能不是以我们想象的方式。也许体现为其他的生物技术或者混合技术。我们需要思考的是，我们想不想用。你赋予了一个人造生物体或者混合体以人类的智能，你敢用它吗？或者说，你敢制造这样一个东西吗？通往通用人工智能的路上，最关键的不是技术，而是其他有关的社会问题。

梅宏表示，要回答 2049 年我们是否能靠近“通用人工智能”这个问题，首先要搞清楚所谓的“通用人工智能”指什么。“通用人工智能”这个词目前没有明确的科学定义。如果仅仅是指某种智能装置能够完成多种任务，那么这是可能的，目前已经有很多这方面的科研努力，例如，在进行人脸识别的同时进行语音识别。如果是指“全面达到人类智能水平”，那么就是“强人工智能”的概念，但这并不是现在主流人工智能学术界研究的目标。

人工智能要实现像人类一样的智力水平，我们还有很长很长的路要走，至少到目前为止，这还只是人们的美好想象，大多存在于科幻小说中。**梅宏**认为今天的科学家们还没有能力为这样一个“美好想象”规划一条科学的道路。如果问他通往这个美好想象的道路上最重要的是什么，他觉得应该是严格遵守“实事求是，扎扎实实，走好每一步”的科学精神。同时，他也认为，在通往这个想象的路上，我们还必须遵守科研伦理，牢牢记住科技要以人为本的基本目标。

6.6 2049 年，万物互联能否构建 AI 新世界

近几年，计算能力等方面技术的爆发带动了边缘计算和物联网的应用，阿里巴巴、华为、小米、地平线等企业纷纷把 AIoT 作为下一个战略赛道，万物互联时代正在开启，传统制造业迎来智能改造升级的历史机遇。

华为 2018 年发布的《GIV 2025：打开智能世界产业版图》白皮书中指出，基于 ICT 网络、以人工智能为引擎的第四次技术革命正将我们带入一个万物感知、万物互联、万物智能的智能世界。到 2025 年，全球设备与物的连接数量将达 1000 亿，企业对 AI 的利用率将达 86%，可以创造 23 万亿美元规模的数字经济。

AI 将对中国社会、经济及各行各业带来哪些改变?

AI 技术的应用对我国产业结构的调整和改革具有积极的推动作用。在**梅宏**看来，对于当今中国，AI 更多是作为一种“产业赋能”的工具，而不只是一种生产模式上的变化。中国目前正处在调整产业结构、促进供给侧改革的重要时期，AI 技术的应用将有助于多个行业进行生产模式的改造，

有助于高能耗、落后产能的淘汰，有助于高效率、低能耗、环保型新技术、新工艺的推广和应用。

马云在 2018 年世界智能大会上曾表示：过去一两百年，人类通过各种技术对世界的了解越来越多，而未来的两百年，人类将通过各种技术来了解内心。不能把智能时代看作原来知识时代的延伸，世界到现在为止还只处于智能时代的前夜，很多技术在未来 5~10 年还会发生天翻地覆的变化。比如今天 IoT 是幼儿，但其未来的变革将超出想象力。

那么，30 年后，万物互联的 AI 新世界会是怎样的？**邵洋**分享了他的看法。

邵洋最认可的改变是交互："我们认为交互这件事情是没有伤害的，它只会带来方便。现在，大多数有用的机器都是去延展人的身体。比如车、飞机，这些都是去延展人的身体，使人的身体可以变得更强，但是它们没有代替人的脑。万物互联就是这样，我们可以把自己的身体延展。我离这个冰箱很远，我可以让冰箱工作，这就是延展。"

但是万物互联后有亿万台设备要联网，而这些数据是无法一下子传到人脑中的，我们的大脑也处理不了，势必要传到云上。

邵洋针对此场景构想了解决方案："并非新增了亿万台设备，而是这些设备本来就在我们身边，人类原来能够通过物理性操作来解决的问题，将来可以通过指令性的数据来解决。人均 1000 个连接并不可怕，人脑不一定无法处理。"

在专访中，我们还讨论了智慧城市和未来战争的场景：未来城市里有很多摄像头、自动驾驶的汽车、社区里的控制中心，这些是否会以机器智能为主控？未来战争场景中，如果 AI 不能及时针对特定场景去做决策，可能会有很大问题。

邵洋倾向于反对机器智能，在他看来：

“所有的机器智能后面必须有人，如果有一台设备申请不经过人的指令而工作，那么这个终端一定要经过特殊的审批，原则上不允许出现没有人的指令就自己行动的设备。

“拿美国的现代战争来说，所有导弹发射的背后其实都是有人的，和打游戏一样，可以根据当地的环境决定要不要发射导弹，其实这还是一种延展。这种战争属于勉强可接受的边缘。因为‘造成伤害’这个指令毕竟是由人发出的，我们至少可以通过对人的约束来进行管制。但如果在没有任何人可以管制的情况下，AI 就可以去杀人，这就很可怕了。

“AI 现在太脆弱了，但其实这是在保护 AI。现在 AI 第一步聚焦到交互上已经是很大的一个进步。先不要着急替代人脑。”

梅宏畅想的未来万物互联的 AI 新世界具有以下几个特征：在人们的生活中，依靠手动获取的信息会越来越少，取而代之的是各种传感器和 AI 算法；在生产活动中，AI 与物联网技术的应用，可以使生产与需求之间的关系更加紧密。

他为我们描述了这样一个未来场景：气候的突变可能会导致人们生病，人们随身携带的传感器能够及时探测到体温、心率等生命体征的变化，这些数据可以被及时地传递到健康中心或绑定到医院。在人们就医之前，AI 算法会根据大数据的统计结果，告知药品供应部门在相应的区域提前准备相应的药品，同时，人们的健康检测数据在送达医院前，会先经过人工智能程序的分诊筛选，并被送至相应的医生处。医生会在人工智能程序的辅助下，根据个体的不同情况，开出相应的药方，同时把更加精确的、个性化的药品需求数据自动送达生产厂商处。药品的生产也会在智能机器人的操作下在无菌的环境中完成，药品再经过自动物流系统使用无人机或无人车自动送到人们的手中。这就是精准个性化医疗的一种可能场景。

其实，在这个例子中很多环节正在甚至已经变为现实。在未来世界中，“人机物”广泛连接、融合，将会给人们带来什么样的体验？这其中可想象的空间是巨大的。

“30 年后所有我们能接触到的物体和环境都是有感觉的、智能的。你所到之处，都有一个贴心的人工智能打造的专家帮助你。你所有的问题，它都能解决。当然，在你不需要它的时候，它就安静地走开或者帮你打造一个绝对私密的环境。它守护着你的个人数据不被侵犯，维护着你的正当权益。”这是**李世鹏**为我们描绘的 30 年后世界的样子。

接受新智元采访时，**李世鹏**还指出：这个场景下最难想象的是人这个时候能做什么，会不会像城市人口被剥夺了种地等体力劳动后，经常去健身房一样，人类是否也需要经常去“脑力健身房”磨炼一下自己的思维和智力，以防所依靠的万物互联的基础设施出问题后，人类不知道该如何自救。这些问题还需要我们进一步思考。

人工智能先驱、未来学家雷·库兹韦尔（Ray Kurzweil）曾预言：到 2030 年，计算机智能将赶上人类；2045 年，人工智能会掌管全球科技发展。人工智能的爆炸式发展会成为现实吗？

周伯文认为，达到万物互联的 AI 新世界需要经历三个变革。

第一，从数字化到智能化。在过去一段时期，数字化取得了很大进展，但如果想更进一步，需要在数字化基础上进一步智能化，更加快速地做出更优决策。

第二，从孤立发展到整合规划。整合规划包含三个层面：信息整合、全局优化和人才聚合。AlphaGo 的成功就是一个信息、优化、学习全过程整合发展的例子。在信息整合方面，AlphaGo 下棋游戏中的两个玩家都有完整的信息，而今天城市中的信息是孤立分割的。在全局优化方面，AlphaGo 赢得棋局不是靠走对一步，而是要走对一系列步骤，这就需要每一步都结合相关的一系列决策过程来进行优化。人才聚合方面，实质就是要整合政策制定者、决策者，数字科技专家、人工智能专家以及行业专家，共同推动智慧社会的发展。

第三，从以流程为中心的管理到以人为核心的服务。人是社会的核心要素，每个人又包含了物理世界、数字世界和人类世界三重属性。以人为本的物理世界是可持续的、稳定发展的；数字世界的以人为本则可以让信息流动与共享更加便捷，消除信息不对称；在人类世界里，以人为本可以让人类合作更加高效。而 AI 正是连接物理世界、数字世界和人类世界的基础技术。

我们不妨先来看看当下人工智能已经产生的一些改变。**周伯文**说，2019 年他在夏季达沃斯论坛上就 5G 与 AI 发展的主题做了一个演讲：5G 跟 AI 结合在一起会产生一大批新的机会。比如说 5G 具有覆盖广的特点，可以在 1 平方千米范围内覆盖 100 万台设备，那就意味着将来所有的设备都可以进行互联，这种互联产生的效应将是非常巨大的。举一个简单的例子，从社会价值上看，5G 的部署能够使各个国家和地区之间更加平等。特别是在医疗领域将带来更多机会，我国医疗资源配备有些失衡，通常水平非常高的外科医生都集中在发达城市和地区，偏远地区则很少有这样的医生。2019 年，在我国海南已经成功实施了第一例基于 5G 的精准医疗手术，基于 5G“超低时延”的特点，让著名外科医生远程控制机械手臂成功完成了第一例远程手术。

面对 AI 可能带来的巨大潜力，我国也积极投入到这一产业浪潮之中。目前我国已有多项技术处于世界领先水平，人工智能产业化应用也迎来了蓬勃发展的局面。这些发展带来的产品和服务创新等变化直接推动了经济上升，这无疑加快了国内正在进行的供给侧结构性改革和产业结构升级。

6.7 2049 年，中国人工智能能否展翼腾飞

人工智能在最近几年里经历了井喷式的发展。在 2017 年、2018 年和 2019 年连续三年的政府工作报告中，均出现了“人工智能”，这体现了政府把人工智能上升到国家战略的决心，也为人工智能的高速发展奠定了基础。

近年来，中国在人工智能领域大步向前。2018 年 7 月，清华大学中国科技政策研究中心发布《中国人工智能发展报告 2018》。报告指出，中国在人工智能论文总量和高被引论文数量、人工智能专利申请数量上都排在世界第一。专利上，中国已经成为全球人工智能专利申请数量最多的国家；产业上，中国的人工智能企业数量排在全球第二，北京成为全球人工智能企业最集中的城市；风险投资上，中国在人工智能领域的投融资占到了全球的 60%，成为全球在人工智能领域最“吸金”的国家。

那么，在未来的 30 年中，中国将在哪些领域 / 行业取得最大的突破？大家又最期望看到人工智能在哪些领域 / 行业取得最大的突破？

对此，新智元在 2019 年华为 CBG 开发者大会期间采访了**王成录**。在**王成录**看来，人工智能在三个领域有巨大机会：第一是工业制造，第二是教育，第三是医疗健康。

王成录分析：我国在传统工业制造中有一个非常大的问题，就是高精尖制造工艺总是不太过关。比如航空发动机的制造，我们国家的航空发动机寿命不如欧美发动机，很大原因是生产工艺不过关。有了 AI 赋能以后，利用好反馈闭环的机制，就会把一些成功的加工工艺过程固化下来，用于后续生产工艺中。以华为手机的自动生产线为例，手机屏幕越大，对制造工艺要求越高，因为手机屏幕所受压力不同，显示色彩的一致性就有很大问题。我们通过机械手的压力反馈，根据每块屏的参数，自适应调整机械手按压压力，这样才能保证生产线产出的手机屏色彩显示的一致性，这个工艺过程仅靠人工实现是非常难的。大量的生产数据积累下来以后，就可以去训练机器，找出最优的生产路径和最佳的生产工艺参数。AI 赋能传统工业和制造工艺能让传统的制造业质量、效率大幅提升，进一步发展就能够做到生产制造的个性化。

在教育领域，AI 同样会发挥巨大作用。每个人的潜力在出生时都是差不多的，为什么人在成长过程中，彼此差异会逐步变大呢？这是因为人的经历不一样。因材施教一直是教育追求的目标之一，AI 完全可以帮助达成这个目标。AI 赋能的教育系统，可以记录、积累学生的学习过程和效果的全量数据，可以很好地识别学生对知识点掌握的情况，然后有针对性地布置作业。可以有针对性地加强每个学生个人的知识薄弱点，真正做到个性化教学，实现因材施教的目标。

在医疗健康领域，AI 应用也有巨大潜力。**王成录**相信在不远的将来，人均寿命会大幅提升，每个人有机会健康地活一百岁。在现有的医疗条件下，某些疾病一般到了中晚期，患者才有症状，才会去医院检查，失去了最佳治疗时机，成本和代价也非常高。随着传感器技术的发展和普及，人体各项生理指标数据将可以被大量、方便地采集，通过对这些数据的分析和学习，完全可以及早发现人体的不良变化倾向，做到防患于未然。

比如可以放在马桶中的传感器，能采集人体排泄物里面的信息，通过分析菌落变化，可以了解人的消化系统的变化情况。通过排泄物成分分析，有可能在非常早期就会发现直肠癌的征兆。类似这种监测、传感、收集得来的人体信息会越来越多，这些信息对诊断人的身体状况非常有价值。逐步沉淀建模，再把最优秀医生群体的医疗经验建模，两者结合，可以大幅提升诊疗效果。

周伯文认为，人工智能会率先在与广大人民群众息息相关的领域（如零售、医疗、城市服务等）有所突破。同时，人工智能也会与实体经济相结合，拓展“智能 +”，为制造业转型升级助力，推动制造业高质量发展，推动传统产业升级改造，强化工业基础和技术创新能力。随着实现中华民族伟大复兴的中国梦新征程的不断向前，我们当然希望祖国在各行各业都能取得显著突破。

梅宏表示，作为一名科技工作者，从科技研发的角度，最希望我们能够在基础研究领域取得突破，特别是原创性的成果。任何 AI 的应用创新都依托于基础模型和创新方法，甚至依托于数学、统计学等基础研究领域的创新。当前，在 AI 基础研究领域，我们的科学家已经取得了不少研究点上的突破，但是，要想在 AI 基础研究领域领先和起主导作用，还任重道远！从当前我国学者每年发表的学术论文的情况可以观察到这一现象。我国每年发表的论文数量不少，但应用型论文较多，基础研究类论文较少，其中重要的原创性成果更少。这与我国 AI 技术的发展现状基本是吻合的，我们的 AI 应用走在了基础研究的前面。**梅宏**衷心希望在未来的 30 年中，我国的科学家能够在 AI 领域做出更多更有影响力的基础理论创新工作。

张越在接受新智元采访时表示，最希望看到的是我国在军事方面取得重大突破："因为我希望我们的国家强大，而军事是它的外壳。我希望看到的是军事、航天、人脑开发等领域的发展。当然也有很温暖的，比如说，人工智能是不是可以代替保姆、代替护士等，但人和人之间的温度还是不应该被替代。所以我更希望人工智能是一种往外延伸的力量，而人和人之间的交往，是挺美好的东西，不该被替代。"

"回想 2008 年，刚刚办完奥运会，过去这十几年，我最能感受到的是 4G 的应用，可以随时随地浏览网页，看视频，从而诞生了今日头条、抖音等移动互联网的应用。"对新智元回顾了一下过去之后，**刘知远**说，"未来 10 年，你也会很难想象。比如，5G 诞生了，未来会出现更好的物联网解决方案，上网速度会更快，这就会支持很多充满奇思妙想的新应用的出现，类似 VR/AR。在过去很难实现大量数据的实时传输，这个问题如果得以解决，就会有很多意想不到的事情发生。未来 10 年，有了 5G，有了深度学习的进一步发展，智能的信息获取能力也会有很多潜移默化的提升。类似自然交互的功能，个性化助手等产品都会相继出现。”

刘知远说：“2012 年，谷歌提出知识图谱的概念，旨在实现更智能的搜索引擎。历经 7 年的发展，至 2019 年，大部分搜索引擎都已支持相关功能。未来，更多的搜索需求会被解决，慢慢会有量变，但 10 年后是否会有质变还说不定，但单从自然语言处理和知识图谱来看，过去 10 年的进步是很真实的，未来 10 年不一定能获得质变，但会有很大的量变产生，我很看好这个方向的发展。”

6.8　2049 年，AI 能否部分取代人类工作

所有技术革命都会对人类岗位产生冲击，人工智能更是如此。“AI 会取代人类的哪些工作”也成为热议的话题。李开复曾预言：未来 10 年，50%的工作会被 AI 取代。马云也表示：在数据时代，30 年以后，全世界最优秀的 CEO 将是一个机器人。

早在 2015 年，BBC 就发表过一篇题为《智能机器：哪些工作会先被机器人“偷走”》(*Intelligent Machines: The Jobs Robots Will Steal First*) 的文章，其中就写道：波士顿咨询公司预测，到 2025 年，多达四分之一的工作岗位将被智能软件系统或机器人取代。

除了从事重复性工作的办公室工作人员，还有一些岗位容易被机器取代，比如说出租车司机、工厂工人、新闻记者、医师等。

“人工智能当下或者未来会取代很多人的工作，尤其是普通人的工作。实际上，我们在工作当中也会看到，有一些人的能力不上不下，工作成果不好不坏。不管在哪个行业，像这些处于中间的人都有可能被人工智能替

代。但是真正处于顶层的人，是不会被替代的。”**张越**在接受新智元采访时说道，“比如我们在《机智过人》栏目里看到的 AI 纹样设计师，第一轮的时候，它跟一些普通大学生去比拼，明显人工智能作品的水平比大学生的高一些。所以，如果你只是一个大学毕业生的水平，那可能就会被替代。但是真正由人的灵感激发的、大师级的、具有独特风格和创造力的东西就很难被替代。如果一个人可以通过自我挑战衍生出新的风格来，他的发展也会是无限的。但如果只是模仿，只是完成一项重复性的工作，则有可能被替代。”

张勤表示，在某些方面 AI 确实会取代人类工作，但是目前说完全取代还不现实，应该是属于一个辅助的阶段，而一旦要辅助，就要具备可解释性，那么最后决策还是要由人来做。另外，任何技术进步都会带来新的工作机会，比如有了计算机就有了软件开发人员的工作。而现在 AI 时代来临则为三四线城市人员带来了数据标注类的工作机会。

孙茂松也同意，有一点是确定无疑的，即再经过 30 年的发展，人工智能的研究水平肯定会越来越高、应用范围会越来越广泛。到那个时候，现有的一些常规性智能工作应该会被机器取代，人们可能会“被转行”从事更能体现高智能特征的工作。不过，也可能有一个很诱人的前景，即在人工智能的强力帮助下，人类生存所需的各种物质条件比较容易被生产出来，人类不需要工作那么长时间了，例如，每周只需要工作 3 天，每天工作 4 小时，从而得以有更多的时间享受美好的生活。

对于近几年火热的无人驾驶，作为从业者，**吴甘沙**在接受新智元采访时谈了自己的看法。他认为，无人驾驶确实会消灭一些工作，但它也会创造一些工作。消灭的工作是什么呢？比如职业司机。我国有大约几千万个大货车、干线物流的司机，在北京可能有几十万个职业出租车司机，可能还有几十万个开网约车的司机。然后就是快递和外卖，估计全国有几百万人吧。这些人的工作就会受到影响。但是从长远来说，这是一个社会必然趋势，就是那些重复性的体力劳动其实应该由机器来做。应该由机器工作，由人来思考。人应该去做一些更有价值的事情。所以机器取代部分的人类工作是社会发展的必然。从整个社会来看，我们在未来要准备好接受这个事实。此时我们可能需要一些职业教育、社会的福利，现在有一个非常火的词叫作全民的基本收入（Universal Basic Income，UBI），在这些方面打好基础。之后一方面进行再教育，通过培训，让他们去做其他的更有意义的事情；另一方面，由 UBI 来确保未来机器人大量取代人类工作以后，机器人交税养普通人。另外，无人驾驶也会创造一些新的工作机会。无人驾驶未来的大方向就是让道路上的车成为家庭和办公室之外的第三空间，那么在路上就会多出很多要获得服务的场景。比如，某个人没时间锻炼，但车在路上跑的时候他可以在车上的跑步机上跑。再比如，在路上可以体检，可以吃饭，商业场景就更加丰富了。其实我们现在一天在路上要浪费几十亿小时，如果这几十亿小时都变成商业场景，就会多出很多对第三产业的服务性职位的需求。从社会学研究的角度来看，服务是不适合机器做的，因为大家还是需要活生生的有血有肉的人来交流，来提供服务，而不希望是冷冰冰的假的机器人。所以服务行业又会创造一些新的工作机会。

把人类自身从简单劳动中解放出来以获得更多的自由，始终是人类奋斗和发展的目标，这个目标在人类发展的过程中始终存在。回顾人类的发展史，也一直是朝着这个方向在努力。人工智能作为一种新的工具，也发挥着同样的作用。对于 AI 会取代哪些人类工作，**梅宏**的看法如下。

在未来，越来越多机械的、重复的、低创造性的工作成分会被机器 / 人工智能替代，这也符合人类历史发展的客观规律。伴随着人工智能技术的发展，我们能看到一些类似的例子和趋势。例如，随着机器翻译的升级，很多原本需要人类翻译的工作被人工智能所代替，比如有了人工智能翻译机，人们出去旅游就可以不用或者少用翻译员，有了同声传译系统，在很多国际会议的场合，人们就可以不用或者少用同声传译员；随着自然语言处理技术的发展，很多客服系统开始部分地采用智能客服系统代替接线员来回答人们的问题；在快递或信件的分拣系统中，有了人工智能程序和机器人，人们就可以不用或少用分拣员；等等。类似的场景会越来越多。而未来一些更具挑战性的工作，如辅助驾驶、医疗诊断、儿童看护等任务，也会逐渐成为人工智能的应用场景。需要强调的是，人工智能技术替代的只能是那些机械的、重复的、低创造性的工作。

同时，人工智能的发展会激发人们更多的需求，这些新的需求也会带来更多新的工作岗位。例如，近年来已有不少“人工智能设计师”面世，它们能够替代或者辅助人类设计师设计出一些商品宣传图片，用于网络商品的宣传。从表面上看，一部分设计师的工作被人工智能替代了，但是同样也给设计师留出了更多的时间和精力，可以进行真正需要更多创意设计的工作，这反而解放了他们，让他们可以充分发挥人类的创造力和想象力。

谈到未来的人才培养和储备，**梅宏**表示，我们未来的工作分工将更加贴近于人类本身的爱好和专长，因为在未来，越来越多重复性劳动会被人工智能所取代，这就要求人们在为未来的工作做准备的时候，更多地考虑自身的爱好和专长，更多地考虑自身的创造力所在，因为在自己喜爱的领域更加容易展现人类所特有的创造力。这就要求我们的教育方式也要随之发生改变，不宜再按照统一的模式培养“千篇一律”的人才。在教育中，我们必须更加注重因材施教，更加注重个性的张扬和特长的发挥，培养符合个性、乐于创新的人才。

在接受新智元采访时，**周伯文**也表达了类似的观点：可以预见，在未来，人工智能必将在一些领域取代人类的工作。首先就是在基层劳动方面，机器将逐步把人类从低创造性的、机械的劳动中解放出来。在最近 10 年内，虽然在科技发展的帮助下，我们已经做到了借助多种技术手段来提高效率，但仍然要依赖人工。而随着人工智能技术的不断发展，这些岗位最终将被机器人取代。

而这种“解放”也将不断刺激着生产力的提高。人们将获得更多思考的时间，用于学习和创造新的、能代表更高生产力的技能。这也将在未来成为推动经济迅猛发展的一个爆点。

此外，在需要高精尖技术的一些领域，如精密医疗、精密仪器制造等，机器由于不受情绪、身体状态、手动误差等条件的影响，表现出比人类更精准的操作。当操作更精准时，不合格率会随之降低，可能出现的风险也会随之降低。所以当技术足够成熟，机器必然会逐步取代人类工作。

但新机遇背后也有新风险。现在很多人都在担忧，当智能机器人在未来大量取代人类工作时会引发大规模失业。但**周伯文**认为，如果规划足够合理，因机器人从事低创造性劳动而带来的失业反而可以促进发展。

为了达到这个目标，需要的或许是多层级、多形式的教育。

我们可以从三个维度来探讨这个问题。首先对于高端人才的培养，主要还是要靠高校。现在高校输出的人才量是远远不够的，人才储备是制约发展的大问题。根据高盛发布的《全球人工智能产业分布》报告，在2017年全球新兴人工智能项目中，中国占据51%，但人工智能人才储备方面，中国却只占5%。预计到2030年，中国人工智能人才缺口将超500万人。

顶尖人工智能科学家的缺乏、产业人才大军的缺乏、意识氛围的缺乏让人工智能人才培养已刻不容缓。近几年，在国家战略的影响下，国内部分高校开设了人工智能学院，设立了相关专业，安排了相关课程，以便更好地适应行业发展带来的巨大变化。与此同时，人工智能人才梯队建设也在下移。人工智能、物联网、大数据处理等内容正式进入了全国高中“新课标”。

积极探索“产学研”结合之路是我们探索人才培养方式的第二个维度。企业应有更多社会责任感，打造人才培养实践平台，为加强各学科与人工智能的交叉融合打造复合型人才做出贡献。比如，京东针对技术人才制订了完备的培养计划；针对综合性AI人才进阶，则帮助其在管理、产品、技术、运营等多种岗位进行复合型提升。京东AI打造的“葡萄树计划”将助力学术界人才培养，支持和鼓励高素质的AI领域研究人才通过合作或者直接加入京东AI团队。同时，京东AI与斯坦福大学、香港中文大学（深圳）建立了联合实验室，还在南大人工智能学院签约落成实训基地，积极探索与著名高校的多种合作模式。**周伯文**认为，在社会教育上也可以有所拓展。

对已走上工作岗位的人群进行培训，让他们可以与时代接轨，跟上人工智能发展的步伐，谋求更好的发展。

“2049 年，很难想象什么工作人工智能不能取代。”**李世鹏**认为，基础研究、基础制造的研究和人才培养是关键，而不是今天趋利的短视做法。2049 年还太遥远，还看不到任何一个国家比其他国家有更优越的机会，但不重视基础研究和基础制造一定没有机会。

6.9 2049 年，人工智能助力中华民族伟大复兴

改革开放 40 多年来，我国发生了翻天覆地的变化。我国从“大国”发展到“富国”再到“强国”，离不开科技的创新和发展。

人工智能代表一个国家、一个民族未来的全球竞争力，影响到未来 10 年到 20 年整个社会的生产和生活方式，是机遇，也是挑战。

2049 年正是中华人民共和国成立 100 周年，与此同时，人工智能的发展也将走过近百年光阴，那么，人工智能会在中华民族伟大复兴之路上扮演怎样的角色呢?

带着这一世纪之问，新智元采访了华为的两位高管。

在**王成录**看来，人工智能最大的作用是释放人的潜力，比如把一些重复性的工作替代掉，那么这些劳动力节省出来可以干更有价值的事情。

人工智能会让我国整体的创造力得到充分释放。中国人勤劳聪明，如果有更多的人从低水平重复的事情中解放出来，会释放出难以想象的巨大潜力。比如，我们把高速公路收费员的工作用 ETC 来替换掉，释放出来的收费员就可以把高速公路的服务区经营得更好，这样驾驶员和乘客就有

机会获得更优质的高速服务区服务体验。人的体验提升了，新的工作又产生了。

邵洋认为，AI 是一个极大提升人的效率的工具，它可以全面地在经济、国防等各个领域起作用。如果中国发展好了 AI，用好了 AI，并在用好的基础上加速了 AI 的发展，那么到了 2049 年一定会成为 AI 技术以及应用最领先的国家。

如果这个良性发展能够保持数十年，它就一定会成功，但是在这个过程中可能会面临各种挑战。但只要中国稳定发展下去，AI 技术一定是最好的辅助。AI 技术会在中国的复兴之路上，成为大国之重器，成为强大的引擎，也将是科技竞争的主领域。

在**李世鹏**看来，人工智能的很多方面，尤其是一些探索性的未来方向，世界各国差不多都在同一个起跑线上。如果我们能抓住机会，人工智能就会在中华民族伟大复兴之路上扮演重要的角色。《新一代人工智能发展规划》只规划到 2030 年，对以后的规划应更早和更有前瞻性。

回顾历史的发展，**梅宏**表示，人工智能技术的发展始终处于人类信息化发展的大背景下，迄今为止，世界信息化发展大体分为 3 个阶段。从第一台电子计算机出现到 20 世纪 90 年代中期，信息化表现为以单机应用为主要特征的数字化阶段（信息化 1.0）。从 20 世纪 90 年代中期开始，以美国提出“信息高速公路”建设计划为重要标志，互联网开始了其大规模商用进程，进入了以互联网应用为主要特征的网络化阶段（信息化 2.0）。当前，信息化的第三个阶段正在开启，可概括为以数据的深度挖掘和融合应用为主要特征的智能化阶段（信息化 3.0），在这一阶段中，人工智能作为满足人类智能化需求的重要工具，将会发挥巨大的作用。

当今的中国正走在实现中华民族伟大复兴的道路上，在新的历史条件下，实现伟大复兴离不开信息化。在当下，人工智能作为一项产业赋能的手段，对产业结构调整和供给侧改革、数字经济发展和数字中国建设具有很好的推动作用；在将来，对于中国占领科技制高点、解决基础研究领域的重大科技问题也将具有很好的支撑作用。我们国家在几个关键方面具有得天独厚的优势，包括高效的顶层设计、健全的制造业等实体经济、稳定的经济发展环境等。相信在我们的共同努力下，至共和国百岁之际，中国的人工智能一定会在基础研究和产业应用领域进入国际领先的行列。

6.10 2049 年，中国是否有能力引领全球 AI 发展

2016 年，谷歌旗下的深度学习公司 DeepMind 打造的 AlphaGo 以 4 : 1 的成绩战胜围棋世界冠军李世石，震惊世界。

同年，国务院将 AI 纳入“国家战略性新兴产业”，写入“十三五”规划纲要，其中特别强调 AI 对中国未来经济转型与产业升级的重要性。

从这以后，人工智能在中国彻底火了。中国 AI 军团异军突起，迅速攀升至全球第二。中国这个后来居上的 AI 大国开始受到国际社会的广泛关注。

2019 年 4 月，新智元发布的《2019 中国人工智能独角兽白皮书》显示，中国目前拥有 50 家 AI 独角兽企业（指估值超过 10 亿美元的未上市公司），其中超级独角兽（估值超过 200 亿元人民币）有 19 家，估值总金

额占全部 AI 独角兽总估值的 90.95%。

第四次工业革命正在悄然来临，世界各国都已经认识到人工智能将是未来国家之间竞争的关键赛场。对中国而言，人工智能更是一个历史性的机遇，如果把握住，将有可能跻身 AI 强国之列。那么在接下来关键的 30 年中，中国在全球人工智能中将处于怎样的地位？中国最急需发展的 AI 子领域是什么？中国是否会拥有全球领先的 AI 企业呢？我们来看看新智元采访的各位专家怎么说。

在**李世鹏**看来，只要看得远、布局早、下手狠、抓基础、育人才，中国绝对有机会走在世界前列，中国企业也绝对会有新时期的“Google”和“Facebook”。2049 年的万亿企业，今天应该还没有成立。未来属于年轻的一代！

张勤表示，要引领，就必须在技术领域、在原创的计算模型上有所作为。人工智能其实主要就是计算模型，必须在这上面有原始创新，没有原始创新，引领就会比较困难。而原始创新既包含基础理论的原创，又包括技术领域的原创，这一块是真正应该支持的。TCP/IP 只是一门原创的技术，谈不上是基础研究，却有人把它称为 20 世纪最伟大的发明。我们要依靠国家的体制优势，搞技术原创，加大产业投入，致力于技术领域的应用，真正地解决应用层面的问题。只有这样，中国才有可能出现真正全球领先的 AI 企业。

对于 2049 年中国能否引领全球 AI 发展，**孙茂松**给出了自己的看法。首先，他不太建议使用“引领”这个表述。我们要谦虚一点，实际上也没有太多可骄傲的本钱。我们还是要韬光养晦，不要动不动就试图去引领世界。我们能够和人家并驾齐驱就很不错了，应该多从构造人工智能人类命运共同体这个角度来认识和阐述。其次，钱学森先生曾把现代科学体系分为三个层次：工程技术、技术科学和基础科学。比如，基础科学可以对照牛顿力学，技术科学可以对照结构力学，工程技术可以对照架桥、盖房子。如果按这个标准来看国内的人工智能研究现状，目前为止我们在基础科学方面的贡献几乎没有，国际上人工智能相关的图灵奖得主已有 10 名左右，但中国一个也没有。这是我国一个极大的短板。在技术科学方面，我们的研究成果属于上品的也乏善可陈，属于中下品的则相对多一些。而在工程技术方面，国内已经有不少重大的应用（如阿里巴巴、腾讯等），这方面的成果在世界范围内已经属于领先水平了。

要真正引领世界人工智能的潮流，在基础科学方面的研究是最为关键的，必须要有几个世界级科研领军人物才可能引领这个潮流。同时根深才能叶茂，否则经不起风吹雨打。在发展战略上，我们要着眼于根，而不仅仅是枝叶。对中国人工智能的未来发展，重中之重在远虑而不是近忧。

而基础科学领域顶尖人才的培养，恰恰是我国又一个极大的短板。高考制度最大限度地保证了教育公平，基于这个体制的我国高等教育，从人才培养的平均水平上说，在国际上是比较高的，但同时也导致了一个很严重的结果，就是很容易把潜在的、有个性的天才式人物给抹杀掉了。

此外，基础科学的研究需要高禀赋、高水平的学者具有“板凳甘坐十年冷”的研究精神和执着态度。

所以总体上看，我国要在 2049 年引领世界人工智能的潮流，应该说是一项非常艰巨的任务，必须从长计议，综合施策。

在接受新智元采访时，**王成录**表示，他对中国未来在 AI 领域领先全球充满信心，实际上，基于 AI 能力的应用创新在中国已经非常普遍了，比如通过车牌自动识别收费的停车场、人脸识别的门禁系统等。各行各业的应用创新会进一步推动 AI 相关基础技术的持续进步。

但中国应该在 AI 相关的基础技术领域多投入，比如说与 AI 相关的计算能力，涉及芯片和操作系统。国家在芯片这个领域应该要加大投入，这背后是什么？是材料科学、化学、理论数学、物理学，这些学科的发展和突破是基础。基础科学突破了，才能创造一个新的行业或者产业，如果没有相关芯片和基础软件的突破，仅仅是应用层面的创新，行业的发展是不可能长久的，也无法具备长久的竞争力。

所以我们只要把基础的芯片、操作系统、基础软件这些能力全面构建好，可以使能的领域就非常多了，应该在这些领域加大投入。

最后是人才培养。所有的竞争最核心的就是人才的竞争，现在的环境还是有点浮躁，大家都希望挣快钱，出现了一些泡沫，缺少让大家扎扎实实做基础技术研究的环境。企业可以在人才培养上发挥更重要的作用，通过校企结合，可以使人才培养更具有针对性。

梅宏也给出了自己的见解。

要实现中华民族的伟大复兴，我们必然要在包括人工智能在内的多个科技领域处于世界领先地位。他希望到那个时候，我们在基础研究和产业应用上都能够领先世界。

我国人口众多，工业体系完整，在数据的积累上具有先天的优势。对于数据密集型的技术，我们能够率先进行大规模应用，并及时发现问题，完成发展和进化。因此，在人工智能技术的应用上，尤其是商业化、普及化以及数据资源方面，我们会处于优势地位。

但就目前来看，我国人工智能理论研究和核心框架上的发展仍然严重滞后，这一问题可能会导致后续人工智能应用的发展动力不足，潜能受限，最终可能会受制于人，这需要引起高度关注。

对于“在哪些领域最可能出现全球领先的 AI 企业？在中国，哪个企业将是人工智能领域的下一个万亿企业？”这两个问题，**梅宏**表示，在 30 年的跨度上，这个问题非常难回答，因为中国的发展速度太快了，回想 40 多年前，我国的改革开放刚刚开始，而如今我们已经取得了如此辉煌的发展成就，这恐怕是当时任何人都难以想象的，这充分展现了中国人的勤劳和智慧。虽然无法预测哪个企业将是人工智能领域的下一个万亿企业，但他认为可以推测中国出现全球领先的 AI 企业应该是一件必然的事情。目前，华为、阿里巴巴、腾讯等大型企业在人工智能领域已经展现了强劲的实力，很多新兴的人工智能企业也显示出了很好的发展潜力。在国家政策的支持和全社会的不懈努力下，他认为，关系国计民生的多个重大行业都会出现重量级的 AI 企业。伴随着中华民族的伟大复兴，我们一定会有很多全球领先的、在 AI 领域具有行业领导地位的大企业出现。

在本章中，新智元邀请的 12 位专家对中华人民共和国成立 100 周年时的 AI 万象进行了不同维度的展望。

总体而言，专家们都对中国在 21 世纪新 AI 软硬件生态中立足和保持领先抱有信心，如**梅宏**所说：“近年来，华为、寒武纪等公司在人工智能芯片方面取得了重要进展。这充分表明我国在计算硬件方面已小有基础，并具备发展潜力。我们只要尊重科技发展规律，持之以恒、不断进取，就一定能进入这一领域的国际领先行列。”

中国在 AI 工程技术方面取得的累累硕果获得公认，在世界范围内中国的工程化实践都处于领先水平，阿里巴巴、腾讯、华为等巨头分别在智能云、计算机视觉、5G、智能终端与边缘计算等领域成为重量级的参与者。

中国企业在人脸识别和语音等 AI 应用层面已经在世界上领先，但中国在人工智能基础研究领域的拓展仍略显浮躁，其中底层技术的研发、系统架构与 AI 人才的培养依然相对薄弱。正如**王成录**分析：现阶段中国的 AI 创新大部分都集中在应用层面，但在基础技术上的投入严重不足。**孙茂松**也警示：基础科学领域顶尖人才的培养恰恰是我国一个极大的短板。

综合本章访谈内容，中国在人工智能发展方面还有以下 3 个系统短板。

首先，人才匮乏。根据《2019 全球 AI 人才报告》，全球约有 44% 的 AI 人才在美国获得博士学位，在中国获得博士学位的人才占比不到 11%；只有 11% 的 AI 人才在中国工作，中国公司吸引 AI 人才的绝对数量大约相当于美国的四分之一；此外，在所调查的 21 个国际顶级会议上发表论文的作者中，中国作者的人数只有美国的六分之一。

其次，研究质量仍处于中游。尽管中国人工智能论文的平均引用量一直在稳步增长，高于世界平均水平，但综合影响力仍远低于来自美国的论文。

最后，基础研究根基薄弱。在人工智能的核心算法和技术框架、支撑计算能力的芯片硬件和开源生态创新等方面，中国尤其薄弱。例如，由美国企业主导研发的开源平台 TensorFlow、PyTorch 和 Caffe，在全球产业界和学术界得到了广泛的应用，而中国还没有一种人工智能开源平台堪与这些平台匹敌。这是中国人工智能生态系统在木桶效应下最受制约的短板。缺少根基，中国的人工智能研发与创新系统就很难长成参天大树；生态匮乏，就难以涵养茂密森林。

用“未来可期”来形容中国人工智能的中长期发展最为恰当，尽管在这一过程中，我们需要直面各个层面的困难与挑战，但笔者认为在通往新中国成立 100 周年的 AI 创新之路上，为中国人工智能创新系统打造坚实且牢固的“地基”是重中之重。

如果将中国人工智能创新系统比成一座高耸入云的楼宇，基础技术、AI 人才以及充满活力的开放创新生态是其地基，“智能 +”落地与应用则是在此地基上搭建的华丽楼宇。庞大的市场容量、得天独厚的产业环境与国家政策的扶持可以助力楼宇越建越高，但这一切终究是要建立在拥有全球竞争力和自主创新能力的地基之上。

只有地基越来越坚实，这座楼宇才能抵达前所未有的新高度。这需要我们共同努力。

科技的出现给人类挑战极限的梦想增添了翅膀，人类智能的最高级形态和人类社会的最发达状态可能是万物互联的全新境界。超越人类的智能极限、将万物转化为互联互通的智慧终端，也可能是人类的终极梦想。解密大脑、实现意识与物质的全面融合与无缝交互，也将极大提升人类的自由度。2049 年，实现万物互联、人机共生、科技向善的 AI 新世界，这是人类共同的科技梦想。

人工智能从起源、发展到现在也不过 70 余年，中国的人工智能起步更晚，AI 的未来如同神秘的宇宙般等待我们去探索。目前，我们最紧迫的任务是要把中国人工智能研发创新的地基打牢，稳固算法与系统框架以及芯片与核心硬件这两大支柱，同步创造开放包容的 AI 新生态，让中国成为全球率先驶向智能宇宙的星际飞船。

当下探索人工智能未知宇宙的航程，也是中国人工智能星舰重新起航的关键时刻。相信在这大航海的探索旅程中，智能的疆界将一再被拓展，人类对自我的认知将不断被刷新。人类的文明历史已经证明，智能可以在宇宙蛮荒中自然进化而成。对智能边界的不懈求索必将催生巨大的科研动能，人工智能必将给中国带来更多的改变。让我们携手创造属于每一个中国人的、科技向善的智能新天地。